Salate
frisch angemacht

Neue Rezepte von knackig und leicht
bis partytauglich üppig

Text
Martin Kintrup

Styling und Fotografie
L'EVEQUE Tanja und Harry Bischof

Titelbild
Den auf dem Umschlag abgebildeten »Bunten Salat mit Hähnchenbrust« finden Sie auf Seite 61.

Mit frischem Salat durchs ganze Jahr

Saison, Einkauf und Lagerung von Blattsalaten

In der Salatküche steht jede Menge Gemüse auf der Einkaufsliste, das A und O ist daher **einwandfreie Qualität.** Diese wird einerseits durch die Anbaubedingungen bestimmt, aber auch maßgeblich durch saisonale Aspekte. Denn wenn die Pflanzen unter natürlichen Bedingungen heranreifen können, sind sie voll aromatisch und nährstoffreich. Außerdem sind Salate in ihrer natürlichen Vegetationsperiode widerstandsfähiger, sodass dann weniger Pestizide eingesetzt werden. Generell sind Produkte aus Bio-Anbau die bessere Wahl: Der Bio-Bauer berücksichtigt die natürlichen Wachstumsperioden und verzichtet auf chemische Pestizide. Dafür erntet er mehr Geschmack und Gesundheit.

Salate aus dem Treibhaus und Importware sind das ganze Jahr erhältlich. Für Freilandsalate ist das Angebot im **Frühjahr** zunächst spärlich, bis Wildkräuter, wie Löwenzahn, Brunnenkresse und Portulak, herangereift sind. Die meisten Salate haben im **Sommer** Saison, z. B. alle Verwandten des Kopfsalats, wie Lollo rosso und bionda, Eichblatt- und Romanasalat. Rucola hat ebenfalls im Sommer seine beste Zeit, auch wenn er bis weit in den Herbst geerntet wird. Typische **Herbstsalate** sind Endivie, Chicorée, Feldsalat und Radicchio. Feldsalat ist aufgrund seiner Frosthärte auch im **Winter** erhältlich, Radicchio findet man fast das ganze Jahr in gleich bleibender Qualität im Handel. In der kalten Jahreszeit schmecken neben Radicchio und Feldsalat auch Chinakohl, Spinat und Postelein (Winter-Portulak) besonders gut.

Achten Sie beim Einkauf auf die **Lagerung im Geschäft.** In gekühlten oder mit Wasserdampf besprühten Auslagen herrscht ein für die Frische förderliches Kleinklima. Die Blätter sollten sich knackig anfühlen und keinesfalls welk sein oder braune und schleimige Stellen aufweisen. Wenn Sie den Salat nicht sofort verarbeiten können, sollten Sie ihn an einem kühlen, dunklen Ort lagern. Dafür bietet sich das Gemüsefach im Kühlschrank an. Schlagen Sie den Salat locker in Frischhaltefolie, so verliert er seine Feuchtigkeit nicht so schnell an die trockene Kühlschrankatmosphäre. Liegt der Salat jedoch mehr als zwei Tage im Gemüsefach, büßt er nicht nur seinen knackigen Biss, sondern auch viele Vitamine ein. Salat also möglichst immer frisch nach Bedarf kaufen und nur im Notfall einlagern.
Erst wenn er richtig angemacht wird, zeigt Blattsalat seine eigentlichen Qualitäten. Dafür dürfen die Blätter nicht in Dressing ertrinken und keinesfalls längere Zeit angemacht stehen. Dann ist selbst der frischeste und knackigste Salat nur noch ein schlabberiges Etwas.
Wichtigste Regel ist also: Anmachen und dann nicht lange zögern, sondern sofort zugreifen!

Die Wahl des Öls ist ein wichtiger Faktor. Hochwertiges Öl macht die Nährstoffe in Salat und Gemüse teilweise erst für den Körper verwertbar. Außerdem sind hochwertige Öle sehr gesund, im Gegensatz zu anderen Fetten sollten Sie hier daher keine Zurückhaltung walten lassen. Beachten Sie diese Grundregeln, steht dem knackig frischen Salatgenuss nichts mehr im Wege.

1

2

3

4

5

6

7

Frisch, grün, knackig und Blatt für Blatt ein Genuss!

1 | Eissalat

Eissalat oder Eisbergsalat ist sehr günstig und hält sich relativ lange. Daher wird er häufig in Fastfood-Restaurants, Kantinen oder beim Döner-Mann verwendet. Er ist sehr knackig, an Geschmack hat er allerdings nicht viel zu bieten. Ein Verwandter des Eissalates ist der Bataviasalat, der geschmacklich zwischen Kopfsalat und Eissalat einzuordnen ist.

2 | Feldsalat

Feldsalat gehört zu den Baldriangewächsen. Auch wenn er nicht dessen Wirkung hat, verleiht ihm das enthaltene Baldrianöl seinen charakteristischen nussigen Geschmack und wirkt immerhin beruhigend auf die Verdauung. Da er im Gegensatz zu anderen Salatpflanzen Kälte gut verträgt, ist er ein beliebter Wintersalat.

3 | Kopfsalat

Der klassische Kopfsalat schmeckt sehr mild. Er sollte nicht lange mit dem Dressing vermischt stehen, da die zarten Blätter schnell erschlaffen. Also immer sofort verzehren! Ein Nachteil ist der hohe Nitratgehalt. Hier schneiden in Tests Bio-Salate regelmäßig besser ab, außerdem sind diese Salate pestizidfrei. Beliebte Züchtungen aus dem Gartensalat, wie man den Kopfsalat auch nennt, sind Lollo rosso, Lollo bionda und Eichblattsalat. Sie sind dekorativ, sehr ergiebig und haben einen angenehmen, relativ milden Geschmack. Als besonders knackige Variante verleiht der Romanasalat klassischerweise dem Caesar's Salad das gewisse Etwas. Kleine Romanasalatherzen erfreuen übrigens nicht nur roh, sondern auch gebraten das Genießerherz. Für alle, die es etwas herber mögen, sind Frisée- und Endiviensalat die richtige Wahl.

4 | Wildkräuter

Viele Wildkräuter lassen sich toll als Salat zubereiten. Dafür eignen sich Löwenzahn, Sauerampfer oder Postelein (Winter-Portulak) ebenso wie Brunnenkresse oder Kapuzinerkresse.

5 | Rucola

Rucola hat einen kräftigen, senfartigen Geschmack. Nach Jahrzehnten der Missachtung ist die früher auch als Rauke bekannte Pflanze unter dem klangvolleren italienischen Namen wieder in aller Munde.

6 | Radicchio & Chicorée

Richtig herbe Salate sind der kräftig rote Radicchio und der kolbenförmige Chicorée. Sie gehören wie der Endiviensalat zu den Zichoriengewächsen. Wer den etwas bitteren Geschmack nicht so gerne mag, sollte sie mit anderen Blattsalaten mischen. Kräftig gewürzte Dressings und Vinaigrettes mildern den herben Geschmack der beiden jedoch erheblich.

7 | Kohl

Auch einige Kohlsorten haben schmackhafte Blätter. Chinakohl ist hierzulande bereits ein beliebter Wintersalat, der japanische Mizuna, ein feingliedriger, gezackter Blattsalat, der dem Friséesalat ähnelt, ist dagegen noch weniger bekannt. Als optisches Highlight und Liebling der Gourmetköche setzen junge Rote-Bete-Blätter einen neuen Trend. Sie können jedoch einen hohen Nitratgehalt haben, daher sollten Sie Bio-Ware bevorzugen.

1

2

3

4

5

6

7

8

9

Die wichtigsten Essig- und Ölsorten für die Salatbar

1 | Weinessig

Rot- und Weißweinessig geben Salaten einen typischen, weinwürzigen Geschmack, wobei der rote etwas intensiver ist. Edle Varianten sind Prosecco- oder Champagner-Essig.

2 | Sherryessig

Auch in Spanien ist man auf den Geschmack gekommen und kreiert immer wieder neue Facetten des Essigs – als Basis dient selbstverständlich Sherry. So gibt es inzwischen viele Varianten des Sherryessigs, von jungen Sorten mit hohem Säureanteil bis zu lange gereiften, milderen Sorten mit faszinierenden Geschmacksnuancen.

3 | Aceto balsamico

Seit einigen Jahren geht in der Gastronomie und zu Hause nichts mehr ohne Balsamico. Zu Recht, denn der mildsaure, fruchtige Geschmack des aus Traubenmost gewonnenen Essigs ist einzigartig, besonders, wenn er lange reift. Aus optischen Gründen erfreut sich der klare Balsamico bianco wachsender Beliebtheit.

4 | Obstessig

Apfelessig ist der bekannteste Obstessig und durch den geringen Säureanteil ein milder Allrounder der Salatküche. Leider finden andere Sorten, wie Himbeer-, Aprikosen-, Pflaumen- oder Quittenessig, weniger Beachtung, obwohl sie viel charakteristischer im Geschmack sind. Zum Glück bringen einige Hersteller solche Essigsorten wieder häufiger in den Handel.

5 | Keimöle

Ob Sonnenblumen-, Maiskeim- oder Distelöl, diese nahezu geschmacksneutralen Öle eignen sich alle gut für Salate und punkten noch mit einem Gesundheitsplus. Besonders günstig ist die Zusammensetzung der Fettsäuren beim Rapsöl. Das kalt gepresste Öl enthält zudem viele wertvolle Vitamine.

6 | Olivenöl

Der mediterrane Klassiker besticht durch seine gesunde Fettsäurenkombination. Für Salat sollte das Öl kalt gepresst sein. Die erste Pressung heißt »nativ extra« oder »extra vergine« und hat die beste Qualität.

7 | Nussöle

Hasel- und Walnussöl runden mit ihrem typischen nussigen Aroma viele Salate wunderbar ab. Etwas exklusiver sind Macadamia- und Paranussöl.

8 | Kürbiskernöl

Das Öl aus den Kernen der steirischen Ölkürbisse ist grünlichbraun und hat ein intensives Nussaroma. In kleinen Mengen, als Ergänzung zu anderen Ölsorten verwendet, setzt es dem Salat ein geschmackliches i-Tüpfelchen auf. Das äußerst gesunde Öl ist nicht zum Braten geeignet.

9 | Ölexoten

In Feinkostabteilungen und Delikatessen-Geschäften ist eine große Auswahl besonderer Ölsorten erhältlich, meist zu recht hohen Preisen. Entscheiden Sie selbst, ob Sie 10, 20 oder 30 Euro für eine kleine Flasche Öl ausgeben wollen. Wenn Sie nussige Aromen lieben, sollten Sie einmal Argan-, Mandel- oder Pinienkernöl versuchen. Avocadofans werden an Avocadoöl ihre Freude haben.

1

2

3

4

5

Aromatische Salatveredler

Essig selbst mit Wein oder Apfelsaft anzusetzen, dauert einige Wochen und erfordert etwas Know-how. Einfacher ist es, einen guten Essig aus dem Handel ausgefallen zu aromatisieren und damit eine Spezialität zu schaffen, die Salate zu etwas ganz Besonderem macht. Das dauert oft nur ein paar Tage, und der Essig braucht währenddessen weder Pflege noch Aufmerksamkeit.
Auch hochwertige Öle werden durch geschickte Ergänzungen ohne viel Aufwand zu kleinen Kunstwerken, die vor Aroma nur so strotzen.

1 | Himbeeressig mit Minze

Für 2 Flaschen à 1/2 l: 1 Bio-Limette heiß abwaschen, trocken reiben und die Schale in Streifen abschneiden. 1 Stängel Minze waschen und trocken tupfen. 300 g Himbeeren leicht andrücken. Alles mit 1 l Weißweinessig mischen und 4–5 Tage zugedeckt ziehen lassen. Durch ein Leintuch in die Flaschen füllen, je 2–3 frische Himbeeren und 1 Minzeblatt zur Dekoration dazugeben. Der Essig passt zu Blattsalaten, Käse und Obst.

2 | Glühweinessig

Für 2 Flaschen à 1/2 l: 2 Bio-Orangen heiß abwaschen, trocken reiben, die Schale in Streifen abschneiden. Mit 1 l Rotweinessig mischen, 4–5 Tage zugedeckt ziehen lassen. Durch ein Leintuch in die Flaschen füllen. Je 1 Zimtstange, 1 Sternanis und 2 Gewürznelken hinzufügen. Vor Verwendung nochmals 1 Woche ziehen lassen. Der Essig passt zu winterlichen Blattsalaten, orientalischen Salaten und Fleisch.

3 | Aprikosen-Vanille-Essig

Für 2 Flaschen à 1/2 l: 300 g Aprikosen mit kochendem Wasser überbrühen, häuten, entsteinen und in Spalten schneiden. 1 Vanilleschote längs aufschlitzen. Alles mit 1 l Balsamico bianco mischen und 4–5 Tage zugedeckt ziehen lassen. Durch ein Leintuch in die Flaschen füllen, nach Belieben je eine quer halbierte Vanilleschote und 2–3 getrocknete Aprikosen dazugeben.
Der Essig passt zu Blattsalaten, Fleisch und Obst.

4 | Kräuteröl provençale

Für 1 Flasche à 3/4 l: 2 Knoblauchzehen schälen und halbieren. Je 2 Zweige Rosmarin, Thymian und Oregano waschen und gut trocken tupfen. Mit 3/4 l Olivenöl und 1 TL getrockneten Lavendelblüten in einer Flasche gut verschlossen 1–2 Wochen durchziehen lassen. Durch ein Sieb abseihen und in eine saubere Flasche umfüllen. Nach Belieben einen frischen Kräuterzweig dazugeben. Passt zu allen mediterranen Salaten oder zu Fleisch und Grillgemüse.

5 | Ingwer-Zitronengras-Öl

Für 1 Flasche à 3/4 l: 50 g frischen Ingwer schälen und in Scheiben schneiden. 3 Stangen Zitronengras putzen und das dickere Ende in feine Ringe schneiden. Beides mit 3/4 l Sonnenblumen- oder Distelöl in eine Flasche geben und gut verschlossen 1–2 Wochen durchziehen lassen. Durch ein Sieb abseihen und in eine saubere Flasche umfüllen.
Mit einer geputzten Stange Zitronengras dekorieren.
Das Öl schmeckt zu asiatischen Nudel- oder Gemüsesalaten.

Salat plus – Das Mehr in der Salatbar

So peppen Sie Ihren Salat richtig auf!

Manchmal ist der Hunger größer als gedacht oder der Lieblingssalat macht einfach nicht richtig satt. Dann ist Improvisation gefragt, denn der Salat muss schnell um eine sättigende Komponente ergänzt werden, um ihn vom Beilagen- oder Vorspeisensalat zur Hauptspeise aufzumöbeln. Neben klassischen »Add-ons«, wie Käsewürfeln, gibt es noch eine ganze Reihe schneller Erweiterungen. Hier ein paar Tipps – oder lassen Sie ganz einfach Ihrer Fantasie freien Lauf.

Brot ist in vielen Variationen ein prima Sattmacher. Ob mit Kräuterbutter oder Tapenade bestrichen oder mit einer Knoblauchzehe abgerieben, geröstete Brotscheiben sind eine perfekte Beilage nicht nur zu mediterranen Salaten. Doch speziell zur Salatküche des Mittelmeers passen schnelle **Tomaten-Crostini** besonders gut. Dafür den Backofen auf 200° (Umluft 180°) vorheizen. Für 4 Personen 1 Ciabattabrot in Scheiben schneiden und im heißen Ofen (Mitte) 5 Min. aufbacken. Inzwischen 5 Tomaten waschen und das Fruchtfleisch ohne Stielansätze fein würfeln. 10 Blätter Basilikum waschen, trocken schütteln und in Streifen schneiden. In einer großen Pfanne 3 EL Olivenöl und 2 TL Honig erhitzen und die Tomaten darin bei mittlerer Hitze 2–3 Min. andünsten. Mit Salz, Pfeffer und 1–2 TL Balsamico bianco würzen, das Basilikum unterrühren. Die Brotscheiben mit halbierten Knoblauchzehen abreiben und die Tomatenmasse darauf verteilen. Nach Belieben mit je 1 dünnen Scheibe Mozzarella belegen und im heißen Ofen (Mitte) 5 Min. überbacken.

Tomatenfans werden **überbackene Tomatenhälften** lieben: Den Ofen auf 220° (Umluft 200°) vorheizen. 4 Tomaten waschen und halbieren. 2 EL Olivenöl in einer Pfanne erhitzen und die Tomaten mit der Schnittfläche nach unten darin bei starker Hitze 1–2 Min. anbraten und herausnehmen. Die Schnittflächen dünn mit Pesto bestreichen und mit 130 g geriebenem Bergkäse bestreuen. Im heißen Ofen (Mitte) auf einem mit Backpapier belegten Backblech 5–7 Min. überbacken. Vorsicht, die Tomaten werden sehr heiß.

Lachsspießchen veredeln grüne Salate und machen sie zu einer sättigenden Mahlzeit. Für 4 Personen 500 g Lachsfilet ohne Haut waschen, trocken tupfen und 3–4 cm groß würfeln. Je zwei Würfel auf einen Zahnstocher stecken. Die Hälfte der Spießchen in 2 EL Öl bei mittlerer Hitze von jeder Seite 1–2 Min. anbraten. 30 g Kräuterbutter in der Pfanne schmelzen lassen und die Spießchen darin wenden. Mit Salz, Pfeffer und Zitronensaft abschmecken und warm stellen. Mit der zweiten Hälfte der Spießchen genauso verfahren.

Fleischfans werden mit **Saltimbocca** satt. Dafür 4 küchenfertige Kalbsschnitzel (à ca. 100 g) flach drücken und halbieren. Jeweils 1 Salbeiblatt mit 1 Scheibe luftgetrocknetem Schinken bedeckt auf 1 Schnitzel legen und mit Zahnstochern feststecken. 2 EL Butterschmalz in einer großen Pfanne erhitzen und die Schnitzel darin bei starker Hitze von jeder Seite 2–3 Min. anbraten. Mit einem Schuss Marsala ablöschen, mit Salz und Pfeffer würzen und auf dem Salat anrichten.

1

2

3

4

5

6

7

Die besten Toppings der Salatbar

1 | quadratisch, knusprig, gut

Croûtons sind das klassische Topping der französischen Küche. Die kross gebratenen Knusperwürfel werden in der Regel aus Weißbrot hergestellt, aber auch Bauern- oder Roggenmischbrot sind gut dafür geeignet. Mit Knoblauch oder mediterranen Kräutern verleiht man ihnen Würze. Für 4 Personen 2 Scheiben Brot entrinden und würfeln. 80 g Butterschmalz in einer Pfanne erhitzen und die Brotwürfel darin unter gelegentlichem Wenden bei mittlerer Hitze goldbraun braten. Nach Belieben 1 Knoblauchzehe dazupressen oder 1 TL getrocknete Kräuter dazugeben. Die Brotwürfel auf Küchenpapier abtropfen lassen und über den Salat streuen.

2 | klein & fruchtig

Für ein Extra an Vitaminen und einen zusätzlichen Farbtupfer auf dem Salat sorgen Beeren, z. B. Johannisbeeren und Himbeeren, oder kernlose Weintrauben. Wenn Sie etwas Orient-Feeling verbreiten wollen, sind Granatapfelkerne die richtige Wahl.

3 | weich, hart, mild, würzig

Ob gewürfelt, gerieben oder gehobelt – Käse gibt vielen Salaten den letzten Schliff. Bei der unendlichen Auswahl darf jeder seinen persönlichen Liebling küren. Weit verbreitet und beliebt sind Parmesan, Mozzarella, Feta und würzige Blauschimmelkäse, wie Roquefort oder Gorgonzola.

4 | kleine Energiebündel

Nüsse und Samen sind zwar nicht gerade kalorienarm, aber dafür reich an wertvollen Ölen und Vitaminen. Leicht angeröstet entfalten Kürbiskern, Haselnuss & Co. ihr Aroma erst richtig. Dann spendieren sie Salaten nicht nur zusätzlichen Biss, sondern auch einen unvergleichlichen Geschmack.

5 | aromatisch & süß

Wenn im Winter nur wenig frisches Obst erhältlich ist, sind Trockenfrüchte, wie Cranberries, Rosinen oder Datteln, eine schmackhafte Alternative. Mit ihrem konzentrierten Aroma geben sie Salaten eine süßliche Note.

6 | frisches Grün

Kresse und verschiedene Sprossen sind im Gegensatz zu vielen Kräutern ganzjährig erhältlich. Meist schmecken die Keimlinge frisch und leicht scharf. Besonders dem Aufkommen der Bio-Märkte haben wir neben klassischen Sorten, wie Alfalfasprossen, mittlerweile eine große Auswahl zu verdanken, z. B. Radieschen-, Rotkohl- oder Brokkolisprossen. Sojabohnensprossen sollten vor dem Verzehr kurz überbrüht werden.

7 | scharf & schärfer

Für alle, die es »hot« mögen, sind Chilifäden die richtige Wahl. Diese aus getrockneten Chilischoten hauchdünn geschnittenen Fäden sind sehr dekorativ und enthalten immer noch die typische Chilischärfe. Sie sind mittlerweile in Feinkostgeschäften, Gewürzläden und Delikatess-Abteilungen der großen Kaufhäuser erhältlich. Richtig scharf wird es auch, wenn Sie etwas Pul biber (türkische Paprikaplättchen) über Ihren Salat streuen. Mildere Topping-Varianten sind eingelegte Peperoni- oder Chilischoten.

Grüner Daumen für verwöhnte Gaumen

Kräuter, Sprossen & Co. selber ziehen!

Mit etwas Know-how haben Sie auch in einer Etagenwohnung immer frisches Grün zur Hand. Die Fensterbank oder der Balkon reichen völlig aus, um erfolgreich Kräuter und Sprossen zu ziehen. Während bei Kräutern etwas Geduld gefragt ist, kann die Sprossenernte schon nach wenigen Tagen beginnen.

Grundvoraussetzung sind passende Gefäße zur Keimung, denn die zarten **Sprossen** lieben ein feuchtes Klima. Dafür sind im Handel mehrstöckige Keimboxen erhältlich. Aber auch in Marmeladen- oder Weckgläsern können Sie wunderbar Sprossen ziehen.
Als Keimgut eignen sich Hülsenfrüchte, Getreide und viele Gemüsesamen. Klassiker sind Kresse-, Alfalfa- und Bohnensprossen. Sehr würzig schmecken Kohlsprossen, Rucola-, Radieschen- und Senfsprossen. Sojabohnen-, Adzukibohnen- und Kichererbsensprossen dürfen Sie nicht roh essen. Sie sollten kurz gegart werden, bevor sie in den Salat kommen.
Keinesfalls zum Verzehr geeignet sind Keimlinge von Nachtschattengewächsen, wie Tomaten, Kartoffeln, Auberginen und Paprika, weil sie gesundheitsschädliche Stoffe enthalten.
Kaufen Sie naturbelassene, keimfähige Samen. Diese am besten über Nacht mit Wasser bedecken und einweichen. Am nächsten Tag gründlich abbrausen, abtropfen lassen und ins Glas umfüllen. Öffnung mit Gaze oder Mull abdecken, den Stoff mit einem Gummiband befestigen. Danach zweimal täglich mit Wasser spülen, das Glas kurz umdrehen und abtropfen lassen.
Nach 2–3 Tagen sind die ersten Sprossen zum Verzehr bereit. Wenn Sie Bohnen, Erbsen und Samen mit verschiedenen Keimzeiten mischen, können Sie eine ganze Woche ernten.
Das Keimgefäß sollte hell, aber nicht direkt sonnig, bei etwa 20–25° stehen. Licht ist wichtig, damit die Sprossen nach dem Keimen ihren Nitratgehalt abbauen können. Gekeimte Sprossen halten sich zugedeckt im Kühlschrank 1–2 Tage.

Kräuter können Sie als Pflänzchen kaufen, das ist viel einfacher, als sie aus Samen zu ziehen. Nehmen Sie jedoch nicht die im Rekordtempo hochgezogenen Pflänzchen aus dem Supermarkt. Achten Sie darauf, dass sie in gutem Substrat in Ruhe wachsen konnten.
Robuste mediterrane Kräuter, wie Rosmarin, Thymian und Oregano, stehen nicht gerne in der Wohnung, gedeihen aber im Sommer auf Balkon und dem äußeren Fensterbrett insbesondere auf der Südseite sehr gut. Die meisten Sorten überstehen auch die hiesigen Winter. Wenn Sie Sorge haben, können Sie die Pflanzen auch an einem kühlen Platz im Haus überwintern, beispielsweise an einem Nordfenster im Hausflur. Auch Gewürzlorbeer ist eine geeignete Balkonpflanze, die aber im Haus überwintern muss. Basilikum und Zitronenmelisse können gut in der Wohnung gezogen werden, Schnittlauch und Petersilie sollten außen auf der Fensterbank stehen, um sich voll entfalten zu können. Wenn Salbei an Südfenstern richtig Sonne tanken kann, hält er sich auch in der Wohnung sehr gut. Kräuter vertragen generell keine Heizungsluft.

1

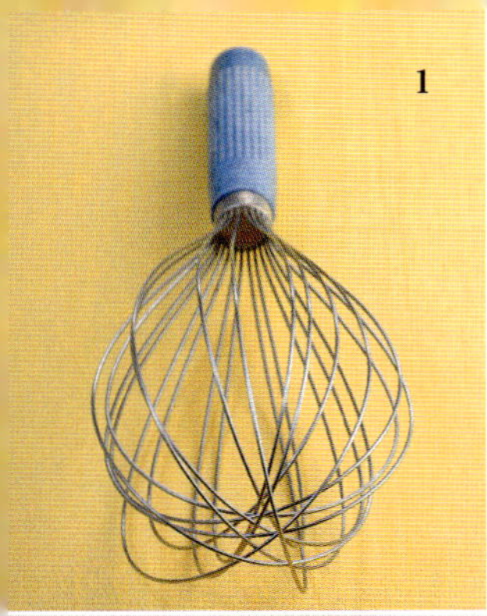

2

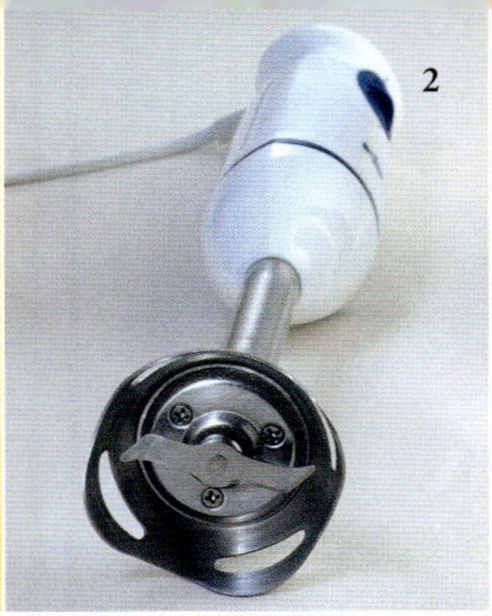

3

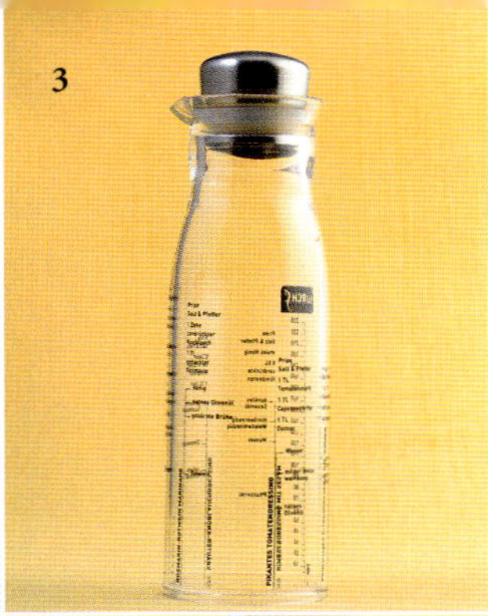

4

5

6

7

8

Das Handwerkszeug für Salatprofis

1 | Schneebesen

Für Mayonnaise unerlässlich und zum Verschlagen von Dressings und Vinaigrettes ein absolutes Muss ist der Schneebesen. Mit seiner Hilfe wird auch eine leichte Sabayon zu Obstsalat besonders luftig.

2 | Pürierstab

Zum Zerkleinern von Obst und Gemüse und zum Pürieren von Salatsaucen ist der Pürierstab ein wichtiges Hilfsmittel. Besonders praktisch sind Modelle, deren Schneidekopf sich vom Korpus abnehmen lässt. So kann man die Messer leicht reinigen, ohne Angst haben zu müssen, dass Wasser ins Gehäuse läuft.

3 | Mixflasche

Wer nicht gerne lange mit dem Schneebesen rührt, kann die Zutaten für Dressing oder Vinaigrette auch in eine Mixflasche füllen und kräftig schütteln, bis sich alles gut vermischt hat. Dafür eignen sich auch Marmeladengläser, in denen die Salatsauce auch noch 1–2 Tage im Kühlschrank aufbewahrt werden kann.

4 | Messer

Da die Salatküche so vielfältig ist, erleichtert eine kleine Auswahl an verschiedenen Messern die Schneidearbeit. Ein großes Kochmesser zerkleinert als Allrounder Gemüse genauso gut wie Fleisch. Gemüse- und Schälmesser sind unabdingbar für die Arbeit mit kleinteiligem Obst und Gemüse. Ein Wiegemesser hilft beim Kräuterhacken. Und Kartoffeln, Möhren, Gurken & Co. lassen sich mit Hilfe eines Sparschälers viel leichter von ihren schützenden Hüllen befreien.

5 | Gemüsereibe & Gemüsehobel

Rohkost, Obst und Hartkäse raspelt die Gemüsereibe in feine Stifte, während der Gemüsehobel mit sehr scharfen Klingen Gurken und anderes Gemüse in dünne Scheiben schneidet.

6 | Salatschleuder

Damit das nach dem Waschen an den Salatblättern anhaftende Wasser die mühsam abgeschmeckte Salatsauce nicht gleich wieder verwässert, trocknet die Salatschleuder mit wenigen schnellen Umdrehungen alle Blattsalate und größere Mengen Kräuter.

7 | große Salatschüssel

Unverzichtbar, denn Salatblätter können schon in kleinen Mengen voluminös sein. Da geht beim Durchmischen in einer kleinen Schüssel gerne etwas daneben. Und: Mit einer großen Schüssel Nudel-, Kartoffelsalat & Co. können Sie auf Partys ohne Weiteres auch mal 10–15 Personen satt kriegen.

8 | Salatbesteck

Ob im Holz-, Metall- oder Plastiklook, Salatbesteck erfüllt in so ziemlich jedem Design praktische Funktionen. Gabel und Löffel sind hier etwas überproportioniert, und die Gabel hat stumpfe Zinken. Dadurch lässt sich relativ viel Salat auf einmal greifen, ohne dass die Gabelzinken die zarten Blätter durchbohren.

Vorspeisen und Beilagen – ein frisches Vergnügen!

Schluss mit dem grünen Einerlei – diese Salate sind raffinierte Ergänzungen oder der Auftakt für ein perfektes Menü.

Rucola-Erdbeer-Salat

fruchtig-scharfer Sommersalat | *im Bild links*
Zubereitung: ca. 15 Min. | *Pro Portion ca. 260 kcal*

Für 4 Personen

2 EL Weißweinessig
2 TL Dijon-Senf
2 TL Honig
1 EL Crème fraîche
5 EL Olivenöl | Salz
frisch gemahlener Pfeffer
125 g Rucola
150 g Erdbeeren
1 rote Zwiebel
200 g schnittfester Ricotta

1 Für das Dressing den Essig, mit Senf, Honig und Crème fraîche verrühren. Nach und nach das Öl unterschlagen und mit Salz und Pfeffer abschmecken.

2 Den Rucola verlesen, waschen, trocken schleudern und grobe Stiele entfernen. Die Erdbeeren waschen, putzen und halbieren. Zwiebel schälen und in feine Ringe schneiden. Den Ricotta in Stücke schneiden.

3 Rucola mit Erdbeeren, Zwiebelringen und Ricotta auf vier Tellern anrichten. Mit dem Dressing beträufeln und mit grob gemahlenem Pfeffer bestreut servieren.

Eichblattsalat mit Salami

Urlaubsliebe

Zubereitung: ca. 25 Min. | Pro Portion ca. 300 kcal

Für 4 Personen

4 EL Aceto balsamico | 4 TL Honig
1 TL scharfer Senf | 7 EL Distelöl | Salz
Pfeffer | 1/2 kleiner Eichblattsalat | 4 Tomaten
2 EL Pinienkerne | 16 hauchdünne Scheiben
Paprikasalami | 4 Aprikosen

1 Für die Vinaigrette den Essig, 2 TL Honig und Senf verrühren, 6 EL Öl nach und nach unterschlagen. Mit Salz und Pfeffer würzen.

2 Eichblattsalat mundgerecht zerpflücken, waschen und trocken schleudern. Tomaten waschen, ohne Stielansätze achteln. Pinienkerne in einer Pfanne ohne Fett rösten, bis sie leicht gebräunt sind. Eichblattsalat, Tomaten und zusammengerollte Salamischeiben auf vier Tellern anrichten.

3 Die Aprikosen waschen, vierteln und entsteinen. Das restliche Öl in einer Pfanne erhitzen und die Aprikosen bei starker Hitze 2–3 Min. darin anbraten. Den restlichen Honig dazugeben und die Aprikosen leicht karamellisieren. Auf dem Salat verteilen, mit der Vinaigrette beträufeln und mit den Pinienkernen bestreut servieren.

Clever variieren

Auch hauchdünner **luftgetrockneter oder leicht geräucherter Schinken** passt gut zu diesem Salat.

Bataviasalat mit Birnen

mit französischer Note

Zubereitung: ca. 35 Min. | Pro Portion ca. 370 kcal

Für 4 Personen

1 Schalotte | 1 Knoblauchzehe | 3 EL Rotweinessig | 4 EL Cassis-Sirup | 1/2 TL getrockneter Rosmarin (gemahlen oder gerebelt)
5 EL Walnussöl | Salz | Pfeffer
1/2 kleiner Bataviasalat | 1 rote Paprikaschote
4 kleine Birnen | 2 EL Sonnenblumenkerne
100 g Blauschimmelkäse (z. B. Roquefort)

1 Für die Vinaigrette Schalotte und Knoblauch schälen und beides fein würfeln. Essig, Cassis-Sirup und Rosmarin verrühren, nach und nach das Öl unterschlagen. Zwiebel- und Knoblauchwürfel dazugeben und die Vinaigrette mit Salz und Pfeffer würzen.

2 Den Bataviasalat zerpflücken, waschen, trocken schleudern und in mundgerechte Stücke zupfen. Paprika halbieren, putzen, waschen und in feine Streifen schneiden. Die Birnen schälen, halbieren, die Kerngehäuse entfernen und das Fruchtfleisch in Scheiben schneiden. Die Sonnenblumenkerne in einer Pfanne ohne Fett rösten, bis sie leicht gebräunt sind.

3 Bataviasalat, Paprika und Birnen auf vier Tellern anrichten. Das Dressing darüberträufeln. Den Käse zerbröckeln, darauf verteilen und den Salat mit den Sonnenblumenkernen bestreut servieren.

vorne: Bataviasalat mit Birnen | hinten: Eichblattsalat mit Salami

Mangosalat mit Ziegenkäse-Crostini

kulinarische Weltreise | *Zubereitung: ca. 30 Min.* | *Pro Portion ca. 405 kcal*

Für 4 Personen

1 Bio-Limette
1 Schalotte
1 Knoblauchzehe
1 rote Chilischote
2 EL Öl (z. B. Distelöl)
1 TL edelsüßes Paprikapulver
4 TL Honig
Salz | Pfeffer
2 kleine reife Mangos
250 g Kirschtomaten
1 Handvoll Basilikumblätter
4 Scheiben Bauernbrot
(à mind. 13 cm Ø)
150 g Ziegenkäserolle
1–2 TL getrockneter Thymian

1 Die Limette heiß abwaschen, trocken reiben, die Schale abreiben und den Saft auspressen. Die Schalotte und den Knoblauch schälen und fein würfeln. Chili waschen, entkernen und fein würfeln. 2 EL Limettensaft, 1 TL Limettenschale, Öl, Paprikapulver und 2 TL Honig verrühren. Die Schalotten-, Knoblauch- und Chiliwürfel dazugeben und das Dressing mit Salz und Pfeffer abschmecken.

2 Mangos schälen, Fruchtfleisch vom Stein und dann in mundgerechte Stücke schneiden. 400 g Fruchtfleisch mit dem Dressing mischen (Rest anderweitig verwenden). Tomaten waschen und halbieren. Basilikum waschen, trocken schütteln, in Streifen schneiden, mit den Tomaten zur Mango geben.

3 Backofengrill vorheizen. Brot im Toaster toasten. Zwei Kreise (ca. 6 cm Ø) aus jeder Brotscheibe ausstechen. Ziegenkäse in acht Scheiben schneiden und auf die Brote legen. Je einen Klecks Honig daraufgeben, mit Thymian bestreuen und im heißen Ofen (Mitte) 4–5 Min. überbacken. Salat auf vier Teller verteilen, mit je zwei Ziegenkäse-Crostini servieren.

Salatherzen mit Orangen und Feta

Frisches aus südlichen Gefilden | *Zubereitung: ca. 25 Min.* | *Pro Portion ca. 295 kcal*

Für 4 Personen

2 EL Pinienkerne
4 Orangen
3 EL Weißweinessig
4 Romana-Salatherzen
2 EL Sonnenblumenöl
Salz | Pfeffer
130 g Schafkäse (Feta)
12 getrocknete, in Öl eingelegte Tomaten
20 Blätter Basilikum (nach Belieben)

1 Die Pinienkerne in einer Pfanne ohne Fett rösten, bis sie leicht gebräunt sind. Von den Orangen die Schalen samt weißer Haut mit einem scharfen Messer abschneiden, dabei den Saft auffangen. Die Orangen in Scheiben schneiden, dabei wieder den Saft auffangen und sichtbare Kerne entfernen. Orangensaft und Essig verrühren.

2 Salatherzen waschen und längs halbieren. In einer Pfanne 1 EL Öl erhitzen und die Hälfte der Salatherzen bei starker Hitze mit der Schnittseite nach unten 1–2 Min. anbraten. Mit der Hälfte der Orangensaft-Essig-Mischung ablöschen und zugedeckt ca. 1–2 Min. garen. Herausnehmen, beiseitestellen. Übrige Salatherzen genauso verarbeiten.

3 Die Orangenscheiben auf vier Teller verteilen. Die Salatherzen salzen und pfeffern und darauf anrichten. Den Feta in Scheiben schneiden und mit den getrockneten Tomaten darauflegen. Mit den Pinienkernen und nach Belieben mit Basilikumblättern garnieren.

Clever tauschen

Alle, die es **etwas herber** mögen, können auch Radicchio auf diese Art zubereiten.

Romanasalat
mit Spargel und Schinken

mit knusprigem Extra | *Zubereitung: ca. 40 Min.* | *Pro Portion ca. 500 kcal*

Für 4 Personen

8 Stangen weißer Spargel
1 EL Zucker | Salz
2 EL Weißweinessig
1 EL Salatmayonnaise
6 EL Olivenöl
1 TL Honig
60 g Parmesan (am Stück)
1 TL getrocknete italienische Kräuter
Pfeffer
2 Romana-Salatherzen
8 dünne Scheiben Lachsschinken
2 Scheiben Weißbrot
100 g Butterschmalz

1 Den Spargel schälen und die holzigen Enden abschneiden. 2 l Wasser mit Zucker und etwas Salz aufkochen lassen. Den Spargel darin zugedeckt je nach Dicke 10–12 Min. garen, sodass er noch bissfest ist. Abgießen und kalt abschrecken.

2 Für das Dressing Essig, Mayonnaise, Olivenöl und Honig verrühren. Ein Drittel des Parmesans fein reiben und mit den Kräutern unter das Dressing rühren. Dann mit Salz und Pfeffer abschmecken.

3 Die Salatherzen zerpflücken, waschen, trocken schleudern und in mundgerechte Stücke zupfen. Den Schinken in feine Streifen schneiden.

4 Das Brot entrinden und würfeln. Butterschmalz in einer Pfanne erhitzen und die Brotwürfel darin unter gelegentlichem Wenden bei mittlerer Hitze goldbraun braten. Auf Küchenpapier abtropfen lassen.

5 Den Spargel in mundgerechte Stücke schneiden und mit den Salatherzen und dem Schinken auf vier Tellern anrichten. Den Salat mit dem Dressing beträufeln. Die Croûtons darüberstreuen, den restlichen Parmesan mit dem Gemüsehobel oder mit dem Sparschäler in grobe Späne schneiden und über den Salat verteilen.

Tauschbörse

Wer sich das **Schälen sparen** möchte, kann auch auf grünen Spargel zurückgreifen. Dann nur den unteren Bereich schälen und ca. 2 Min. kürzer garen.

Getränke-Tipp

Zu Spargel immer ein Genuss: Ein badischer **Silvaner.** Auch ein italienischer **Pinot grigio** oder ein leichter **Prosecco** passen sehr gut dazu.

Auberginen-Kichererbsen-Salat

für laue Sommerabende | *Zubereitung: ca. 50 Min.* | *Pro Portion ca. 395 kcal*

Für 4 Personen

1 Aubergine (ca. 500 g)
50 ml + 2 EL Olivenöl
2 Knoblauchzehen
200 ml Gemüsebrühe
50 ml Rotwein
1 TL getrockneter Rosmarin (gemahlen oder gerebelt)
1/2 Peperonischote
1 Dose Kichererbsen (275 g Abtropfgewicht)
2 EL frisch gepresster Limettensaft
2 EL Balsamico bianco
1 TL edelsüßes Paprikapulver
Salz | Pfeffer
150 g Kirschtomaten
20 Blätter Basilikum

1 Die Aubergine waschen und längs halbieren. 50 ml Öl in eine heiße Pfanne geben, die Auberginenhälften darin auf beiden Seiten bei starker Hitze in insgesamt 5–6 Min. anbraten. Knoblauch schälen und 1 Zehe dazupressen. Brühe, Wein und Rosmarin dazugeben, bei mittlerer Hitze zugedeckt in 10–15 Min. weich dünsten. Die Pfanne von der heißen Herdplatte nehmen und die Aubergine zugedeckt 10 Min. ziehen lassen.

2 Die Peperoni waschen, entkernen, fein hacken. Kichererbsen in ein Sieb abgießen und kalt abbrausen. Die Aubergine in Scheiben schneiden, große Scheiben halbieren. Peperoni, Kichererbsen und Auberginenscheiben vorsichtig mischen. Limettensaft, Essig, 2 EL Olivenöl und Paprikapulver hinzufügen, restlichen Knoblauch dazupressen. Alles gut durchmischen, mit Salz und Pfeffer abschmecken.

3 Tomaten waschen, in Scheiben schneiden. Das Basilikum waschen, trocken schütteln und in Streifen schneiden. Salat, Tomaten und Basilikum auf vier Teller verteilen.

Tomatensalat mit Bohnen

mit orientalischen Aromen | *Zubereitung: ca. 35 Min.* | *Pro Portion ca. 365 kcal*

Für 4 Personen

6 EL Rotweinessig
4 EL Olivenöl
2 TL Zucker
2 TL edelsüßes Paprikapulver
je 1 Prise gemahlener Koriander und Kreuzkümmel
2 Zwiebeln
2 Knoblauchzehen
300 g grüne Bohnen
2 TL getrocknetes Bohnenkraut
Salz
1 Dose Kidneybohnen (255 g Abtropfgewicht)
500 g Tomaten | Pfeffer

1 Essig mit Öl, Zucker, Paprikapulver, Koriander und Kreuzkümmel verrühren. Zwiebeln und den Knoblauch schälen, den Knoblauch zum Dressing pressen, die Zwiebeln fein würfeln und ebenfalls dazugeben.

2 Die grünen Bohnen waschen, putzen und mit dem Bohnenkraut in kochendem Salzwasser 10–15 Min. garen. Abgießen und kalt abschrecken. Kidneybohnen in ein Sieb abgießen und gründlich abbrausen.

3 Die Tomaten waschen, halbieren, die Stielansätze entfernen und das Fruchtfleisch in schmale Spalten schneiden. Die grünen Bohnen quer halbieren und mit den Kidneybohnen und den Tomaten zum Dressing geben. Den Salat mit Salz und Pfeffer abschmecken.

Feldsalat mit Mozzarella

Klassiker im neuen Gewand | *Zubereitung: ca. 20 Min.*
Marinieren: mind. 30 Min. | *Pro Portion ca. 215 kcal*

Für 4 Personen

1 EL frische Thymianblättchen | 1 Knoblauchzehe | 4 EL Rotweinessig | 8 EL Olivenöl
Salz | Pfeffer | 400 g Mozzarella
150 g Feldsalat | 4 Tomaten | 2 Artischockenherzen (aus der Dose) | 1 EL Honig

1 Für die Marinade den Thymian fein hacken, den Knoblauch schälen und fein würfeln. Beides mit 2 EL Essig und 4 EL Öl verrühren. Mit Salz und Pfeffer würzen. Mozzarella abtropfen lassen, in Scheiben schneiden, in die Marinade einlegen und darin mindestens 30 Min. ziehen lassen.

2 Feldsalat verlesen, waschen, putzen, trocken schleudern. Tomaten waschen, halbieren, ohne Stielansätze in Scheiben schneiden. Feldsalat, Tomaten und Mozzarella auf vier Tellern anrichten. Die Marinade aufheben.

3 Für das Dressing die Artischocken fein würfeln. Restliches Öl und Essig mit dem Honig zur Marinade geben und glatt rühren. Die Artischocken dazugeben. Mit Salz und Pfeffer würzen. Den Salat mit dem Dressing beträufeln und servieren.

Clever variieren

Verwenden Sie im Sommer statt Feldsalat **Rucola, jungen Blattspinat** oder **Eichblattsalat.**

Gurken-Spinat-Salat

erfrischend anders
Zubereitung: ca. 15 Min. | *Pro Portion ca. 224 kcal*

Für 4 Personen

2 EL Rotweinessig | 1 TL mittelscharfer Senf
2 TL Honig | 4 EL Rapsöl | 2 EL Kürbiskernöl
Salz | Pfeffer | 80 g junger Blattspinat
1 Salatgurke | 10 Blätter Minze | 80 g Schafkäse (Feta) | 1 EL Pinienkerne (nach Belieben)

1 Für das Dressing Essig, Senf und Honig verrühren. Nach und nach beide Ölsorten unterschlagen und das Dressing mit Salz und Pfeffer abschmecken.

2 Den Spinat verlesen, die Stiele abschneiden, die Blätter waschen und trocken schleudern. Die Gurke waschen, längs halbieren, quer dritteln und längs in Spalten schneiden. Die Minze waschen, trocken schütteln und in Streifen schneiden.

3 Die Spinatblätter auf vier Teller verteilen. Gurkenspalten in einer Reihe dachziegelartig darauflegen. Das Dressing über den Salat träufeln. Den Feta fein zerbröckeln und über die Gurken streuen. Mit den Minzeblättern und nach Belieben mit Pinienkernen garnieren. Servieren Sie dazu frisch aufgebackenes und dann in Streifen geschnittenes Fladenbrot.

Clever kombinieren

Dieser Salat ist eine tolle **Beilage zu Gegrilltem,** beispielsweise zu Lammsteaks, Schaschlikspießen oder Minutensteaks vom Schwein.

oben: Feldsalat mit Mozzarella | unten: Gurken-Spinat-Salat

Lachsforellentatar
mit Sprossen

ein Hauch von Haute Cuisine | *Zubereitung: ca. 35 Min.* | *Pro Portion ca. 205 kcal*

Für 4 Personen

1 Bio-Limette
2 Frühlingszwiebeln
je 1 Stängel Dill und Estragon
1/3 Salatgurke
400 g ganz frisches Lachsforellenfilet (ohne Haut)
Salz
frisch gemahlener Pfeffer
100 g saure Sahne
50 ml Milch
1 TL Sahnemeerrettich (aus dem Glas)
1 EL Weißweinessig
1 Bund Rucola
4 Blätter Radicchio
1 Handvoll rote Sprossen (z. B. Rote-Bete- oder Rettichsprossen)

1 Für das Forellentatar die Limette heiß abwaschen, trocken reiben, die Schale abreiben und den Saft auspressen. Die Frühlingszwiebeln putzen, waschen und in feine Ringe schneiden. Die Kräuter waschen, trocken schütteln, Blätter abzupfen und fein hacken.

2 Die Gurke schälen, längs halbieren, entkernen und das Fruchtfleisch fein würfeln. Die Gurkenwürfel in einer Schüssel mit 3 EL Limettensaft beträufeln. Forellenfilet waschen, trocken tupfen, entgräten und in kleine Würfel schneiden. Mit den Frühlingszwiebeln und den Kräutern zu den Gurkenwürfeln geben. Das Tatar mit Salz, Pfeffer und Limettensaft abschmecken.

3 Für das Dressing saure Sahne, Milch, Sahnemeerrettich, Limettenschale und Essig verrühren und mit Salz und Pfeffer abschmecken.

4 Den Rucola verlesen. Mit dem Radicchio waschen, trocken schleudern, bei beiden grobe Stiele entfernen und die Blätter klein zupfen.

5 Das Tatar mit Hilfe von Dessertringen auf vier Teller verteilen (alternativ in kleine Schälchen füllen und auf die Teller stürzen). Das Dressing um das Tatar verteilen, die Rucola- und Radicchioblätter darauf anrichten. Nach Belieben noch mit etwas Dressing beträufeln und etwas Pfeffer grob darübermahlen. Die Sprossen auf das Tatar geben und servieren. Dazu passt Roggenbrot oder Pumpernickel.

Avocado-Thunfisch-Salat

blitzschnell zubereitet

Zubereitung: ca. 20 Min. | Pro Portion ca. 645 kcal

Für 4 Personen

2 Knoblauchzehen | 1 rote Chilischote
1 rote Paprikaschote | 2 Limetten
1 EL brauner Zucker | 1/2 TL Ingwerpulver
1/2 TL gemahlener Koriander | 6 EL Erdnussöl
Salz | Pfeffer | 400 g frisches Thunfischfilet
2 kleine reife Avocados | 1/4 Bund Koriander

1 Für das Dressing den Knoblauch schälen und fein hacken. Die Chilischote und die Paprika halbieren, putzen, waschen und sehr fein würfeln. Die Limetten auspressen, 4 EL Saft mit dem braunen Zucker, Ingwerpulver und dem gemahlenen Koriander verrühren, 5 EL Öl nach und nach unterschlagen. Chili, Knoblauch und Paprika dazugeben und mit Salz und Pfeffer kräftig abschmecken.

2 Den Thunfisch kalt abbrausen und trocken tupfen. 1 EL Öl in einer Pfanne erhitzen, den Thunfisch von allen Seiten bei starker Hitze 2–3 Min. scharf anbraten, sodass er innen noch roh ist. Herausnehmen, abkühlen lassen und in dünne Scheiben schneiden.

3 Avocados schälen, halbieren, entsteinen, in schmale Spalten schneiden. Thunfisch und Avocadospalten abwechselnd kreisförmig auf vier Tellern anrichten. Dressing darüberträufeln. Den Koriander waschen, trocken schütteln, fein hacken und darüberstreuen.

Ananas-Papaya-Salat mit Lachs

exotisch würzig

Zubereitung: ca. 20 Min. | Pro Portion ca. 220 kcal

Für 4 Personen

1 Papaya | 400 g Ananas
2 grüne Chilischoten | 1 rote Paprikaschote
1/2 Bund Koriander | 2 EL Sonnenblumenöl
1 EL Balsamico bianco | 1 EL frisch gepresster Limettensaft | je 1/2 TL Kurkuma-, Ingwer- und edelsüßes Paprikapulver | Salz | Pfeffer
brauner Zucker | 12 Scheiben Graved Lachs

1 Papaya schälen, halbieren, entkernen und in Scheiben schneiden. Ananas schälen, harten Strunk entfernen, Fruchtfleisch in Scheiben schneiden. Chilis waschen, entkernen und fein würfeln. Paprika halbieren, putzen, waschen und in Streifen schneiden. Koriander waschen, trocken schütteln, Blätter abzupfen.

2 Öl, Essig, Limettensaft, Kurkuma-, Ingwer- und Paprikapulver verrühren und mit Salz, Pfeffer und etwas Zucker abschmecken. Alle vorbereiteten Zutaten mit dem Dressing mischen und kurz ziehen lassen.

3 Auf vier Tellern je 3 Scheiben Graved Lachs dachziegelartig auf eine Tellerhälfte legen. Den Salat daneben anrichten und servieren.

Clever anrichten

Wenn Sie alle Salatzutaten fein würfeln, können Sie die Lachsscheiben auch nebeneinanderlegen und je eine Portion **Salat mittig auf dem Fisch anrichten.**

oben: Avocado-Thunfisch-Salat | unten: Ananas-Papaya-Salat mit Lachs

Frühlingskräutersalat

blitzschneller Frühlingsbote | *Zubereitung: ca. 15 Min.* | *Pro Portion ca. 165 kcal*

Für 4 Personen

3 EL Balsamico bianco
1 EL Orangenlikör (z. B. Cointreau; ersatzweise Orangensaft)
2 TL Dijon-Senf
1 TL Honig
6 EL Öl (z. B. Distelöl)
Salz | Pfeffer
1 kleiner Kopfsalat
1 Bund Rucola
1 Bund Bärlauch
12 essbare Blüten (z. B. Kapuzinerkresse oder Gänseblümchen)
2 Tomaten
1 Beet Kresse

1 Für das Dressing Essig, Orangenlikör, Senf und Honig verrühren, nach und nach das Öl unterschlagen. Mit Salz und Pfeffer abschmecken.

2 Den Kopfsalat zerpflücken, die Blätter waschen, trocken schleudern und nach Belieben in mundgerechte Stücke zupfen. Den Rucola und den Bärlauch waschen, trocken schleudern und grobe Stiele entfernen. Die Blüten vorsichtig waschen und trocken tupfen. Die Tomaten waschen und achteln, dabei die Stielansätze entfernen.

3 Kopfsalat, Rucola und Bärlauch mit dem Dressing mischen und auf vier Schälchen verteilen. Die Tomaten darauf anrichten, Kresse mit einer Schere abschneiden und darüberstreuen. Den Salat mit den Blüten garniert servieren.

Kräuter-Variante

Verwenden Sie, falls erhältlich, nach Belieben auch **Löwenzahn, Sauerampfer** oder **Brunnenkresse.**

Radieschensalat mit Kresse

die Mischung macht's | *Zubereitung: ca. 20 Min.* | *Marinieren: mind. 15 Min.* | *Pro Portion ca. 305 kcal*

Für 4 Personen

200 g Radieschen
200 g Salatgurke
100 g Staudensellerie
1/2 säuerlicher Apfel
(z. B. Boskop)
100 g alter Gouda (am Stück)
100 g leichte Salatmayonnaise
100 g Joghurt
3 EL Apfelessig
Salz | Pfeffer
1 Bund Rucola
4 Scheiben Vollkornbrot
(à mind. 10 cm Ø)
1 Beet Kresse

1 Radieschen waschen, putzen und in Stifte schneiden. Die Gurke schälen, längs halbieren, entkernen und fein würfeln. Den Staudensellerie waschen, putzen und fein würfeln. Den Apfel waschen, das Kerngehäuse entfernen und das Fruchtfleisch fein würfeln. Den Käse entrinden und fein würfeln.

2 Für das Dressing Mayonnaise, Joghurt und Essig verrühren. Mit Salz und Pfeffer abschmecken. Die vorbereiteten Zutaten mit dem Dressing mischen. Den Salat mindestens 15 Min. durchziehen lassen.

3 Rucola verlesen, waschen und trocken schleudern. Grobe Stiele entfernen, Blätter klein zupfen. Aus dem Brot mit Dessertringen (à ca. 10 cm Ø) Kreise ausstechen und mit den Ringen auf vier Teller verteilen. Den Salat auf die Ringe verteilen und die Ringe entfernen. Oder mit einem Messer Kreise oder Rechtecke aus den Broten ausschneiden und den Salat darauf verteilen. Den Rucola um die Brote anrichten. Kresse vom Beet schneiden und den Salat damit bestreuen.

Spargelsalat mit Garnelen

edler Frühlingssalat | *Zubereitung: ca. 45 Min.* | *Pro Portion ca. 570 kcal*

Für 4 Personen

1 kg weißer Spargel
4 EL Zucker
Salz | 2 Tomaten
1 Schalotte
4 Knoblauchzehen
4 EL Kräuteressig
50 ml Weißwein
(ersatzweise Fischfond)
2 EL Kapern (aus dem Glas)
160 ml Sonnenblumenöl
Pfeffer
24 geschälte rohe Garnelen
(à ca. 15–20 g)
2 Zweige Rosmarin

Außerdem:

8 kurze Holzspieße

1 Spargel schälen und die holzigen Enden abschneiden. 2 l Wasser mit 1 EL Zucker und etwas Salz aufkochen lassen. Den Spargel darin zugedeckt je nach Dicke 10–12 Min. garen, sodass er noch bissfest ist. Die Tomaten mit kochendem Wasser überbrühen, häuten, halbieren, entkernen und ohne Stielansätze in Würfel schneiden. Die Schalotte und 2 Knoblauchzehen schälen und fein hacken.

2 Restlichen Zucker in einer Pfanne bei mittlerer Hitze karamellisieren, mit Essig und Wein ablöschen. Schalotten-, Knoblauch- und Tomatenwürfel dazugeben, 5 Min. offen köcheln lassen. Kapern und 6 EL Öl dazugeben, mit Salz, Pfeffer und 1–2 TL Kapernflüssigkeit würzen.

3 Garnelen waschen, trocken tupfen und je 3 auf Holzspieße stecken. Restliches Öl in einer Pfanne erhitzen, Spieße darin mit dem Rosmarin bei mittlerer Hitze 2–3 Min. braten. Den restlichen Knoblauch schälen und dazupressen. Salzen und pfeffern. Spargel quer halbieren, auf vier Teller verteilen, mit Dressing beträufeln, Garnelenspieße daneben anrichten.

Eissalat mit Sprossen und Tofu

mit Ingwerfrische | *Zubereitung: ca. 45 Min.* | *Pro Portion ca. 265 kcal*

Für 4 Personen

4 EL Erdnussöl | 6 EL frisch gepresster Zitronensaft
3 EL Sojasauce | 1 TL Ingwerpulver | 2 Knoblauchzehen
250 g Tofu | 30 g frischer Ingwer | 80 g saure Sahne
1 TL mittelscharfer Senf
1 EL Honig | Salz
250 g Eissalat | 100 g Sojabohnensprossen | 150 g Rettich
150 g Champignons

Cleveres Crossover

Wer Tofu nicht so gerne mag, kann auch **Halloumi,** den halbfesten zypriotischen Grillkäse, auf die gleiche Art zubereiten.

1 Den Backofen auf 200° (Umluft 180°) vorheizen. 1 EL Öl, 3 EL Zitronensaft, Sojasauce und Ingwerpulver verrühren. 1 Knoblauchzehe schälen, dazupressen. Tofu ausdrücken, würfeln, mit der Marinade mischen, auf ein mit Backpapier ausgelegtes Backblech geben. Im heißen Ofen (Mitte) ca. 15 Min. backen, bis er goldbraun ist.

2 Ingwer schälen, fein reiben. Mit saurer Sahne, restlichem Zitronensaft und Öl, Senf und Honig verrühren. Restlichen Knoblauch schälen, dazupressen. Dressing salzen, evtl. noch mit 2–3 EL Wasser verdünnen.

3 Eissalat putzen, Strunk entfernen, Blätter waschen, trocken schleudern, in Streifen schneiden. Sprossen mit kochendem Wasser überbrühen, 15 Sek. ziehen lassen, in ein Sieb gießen, abtropfen lassen. Rettich schälen, in Stifte schneiden. Pilze putzen, dann in Scheiben schneiden. Alles auf vier Tellern anrichten und mit dem Dressing beträufeln. Tofu salzen und darüberstreuen.

Herbstsalat mit Currykürbis

gigantisch lecker

Zubereitung: ca. 40 Min. | Pro Portion ca. 350 kcal

Für 4 Personen

3 EL Aceto balsamico
1 TL Honig
6 EL Kürbiskernöl
Salz | Pfeffer
1 rote Paprikaschote
10 getrocknete, in Öl eingelegte Tomaten
2 EL Kürbiskerne
1/2 Hokkaidokürbis (ca. 350 g)
40 g Butterschmalz
1–2 TL Currypulver
1 kleine Staude Chicorée
100 g Feldsalat

1 Für das Dressing den Essig mit dem Honig verrühren und nach und nach das Kürbiskernöl unterschlagen. Das Dressing mit Salz und Pfeffer abschmecken.

2 Die Paprika halbieren, putzen, waschen und in Streifen schneiden. Die getrockneten Tomaten abtropfen lassen und in Streifen schneiden. Die Kürbiskerne in einer Pfanne unter Rühren ohne Fett rösten, bis sie sich leicht aufblasen und etwas gebräunt sind.

3 Den Kürbis gründlich waschen und den Stiel- und Blütenansatz entfernen. Hokkaido muss nicht geschält werden. Den Kürbis entkernen und in ca. 1 cm dicke Spalten schneiden.

4 Die Hälfte des Butterschmalzes in einer großen Pfanne erhitzen und die Hälfte der Kürbisspalten darin von beiden Seiten bei mittlerer Hitze je 4–5 Min. anbraten, bis sie gebräunt und fast gar sind. Dabei nach 2 Min. mit 1/2 TL Currypulver bestreuen. Auf Küchenpapier abtropfen lassen und mit Salz, Pfeffer und Currypulver würzen. Mit der zweiten Hälfte Kürbis genauso verfahren.

5 Den Chicorée zerpflücken. Feldsalat und Chicorée waschen und trocken schleudern, den Chicorée in feine Streifen schneiden. Beides auf vier Teller verteilen. Die Paprika- und Tomatenstreifen und die Kürbisspalten darauf anrichten. Den Salat mit dem Dressing beträufeln und mit den Kürbiskernen bestreut servieren.

Kürbisvielfalt

Neben dem seit einigen Jahren alles dominierenden **Hokkaidokürbis** gibt es noch viele weitere schmackhafte Sorten. Leider sind die meisten eher selten erhältlich. Wenn Sie einen gut sortierten Wochen- oder Bio-Markt in der Nähe haben, werden Sie im Herbst aber zumindest noch den **Muskatkürbis,** den **Butternutkürbis, Patisson** und **Gelben und Roten Zentner** finden, mit ein bisschen Glück auch **Spaghettikürbis** und **Rondini.** Insbesondere Butternut und Patisson eignen sich sehr gut als Alternative zum Hokkaidokürbis in diesem Salat. Im Gegensatz zum Hokkaido müssen diese beiden Sorten aber geschält werden. Ein besonderer Augenschmaus wird der Salat, wenn Sie gelbe oder grüne Minipatissons verwenden. Diese waschen, putzen, halbieren und in der Pfanne 6–7 Min. von allen Seiten anbraten.

Rotkohl-Apfel-Salat mit Grapefruit

bunter Vitamin-Mix | *Zubereitung: ca. 20 Min.*
Marinieren: ca. 30 Min. | *Pro Portion ca. 170 kcal*

Für 4 Personen

400 g Rotkohl | 6 EL Apfelessig | 4 EL Rapsöl
1–2 EL Honig | Salz | Pfeffer | Zimtpulver
1 rosa Grapefruit | 1 Karambole (Sternfrucht)
1 Apfel (z. B. Braeburn oder Elstar)
8 Blätter Eichblattsalat (nach Belieben)

1 Den Rotkohl vierteln, den Strunk herausschneiden. Den Kohl waschen und in feine Streifen schneiden oder hobeln. Essig, Öl und 1 EL Honig verrühren, mit dem Kohl mischen und kräftig verkneten. Den Salat mit Salz, Pfeffer, Honig und 1 Prise Zimt abschmecken und 30 Min. ziehen lassen.

2 Die Grapefruitschale mit einem scharfen Messer samt der weißen Haut abschneiden und die Fruchtfilets zwischen den Trennhäuten herausschneiden. Die Karambole waschen und in Scheiben schneiden. Den Apfel schälen, halbieren und das Kerngehäuse entfernen. Das Fruchtfleisch würfeln und mit dem Rotkohl mischen.

3 Die Salatblätter waschen und trocken schleudern. Die Blätter auf vier Schälchen verteilen. Den Rotkohlsalat abschmecken und darauf anrichten. Den Salat mit den Grapefruitfilets und den Karambolesternen garnieren und servieren.

Fenchel-Chinakohl-Salat

herbstlicher Muntermacher
Zubereitung: ca. 20 Min. | *Pro Portion ca. 165 kcal*

Für 4 Personen

50 g Feldsalat | 125 g Chinakohlblätter
400 g Fenchel | 1 EL frisch gepresster Zitronensaft | 30 g Kürbiskerne
50 g Sahne | 2 EL Öl (z. B. Maiskeimöl)
2 EL Apfelessig | 1 EL Honig
1 TL mittelscharfer Senf
Salz | Pfeffer

1 Den Feldsalat waschen, putzen und trocken schleudern. Den Chinakohl waschen und in feine Streifen schneiden. Fenchel waschen, putzen, dabei das Grün beiseitelegen. Mit dem Gemüsehobel in feine Streifen hobeln und mit dem Zitronensaft beträufeln.

2 Die Kürbiskerne in einer Pfanne unter Rühren ohne Fett rösten, bis sie sich leicht aufblähen und etwas gebräunt sind.

3 Für das Dressing Sahne, Öl, Essig, Honig und Senf verrühren, mit Salz und Pfeffer abschmecken. Fenchel, Chinakohl und die Hälfte der Kürbiskerne mit dem Dressing mischen, kurz ziehen lassen und den Salat nochmals abschmecken.

4 Den Feldsalat auf flache Schälchen verteilen, Fenchel-Chinakohl-Salat darauf anrichten und mit den restlichen Kürbiskernen und dem Fenchelgrün garnieren.

vorne: Fenchel-Chinakohl-Salat | hinten: Rotkohl-Apfel-Salat mit Grapefruit

1

2

3

Rote-Bete-Salat

mit Meerrettich-Terrine

harmonisches Duo | *Zubereitung: ca. 1 Std. 45 Min.* | *Ruhen: ca. 9 Std.* | *Pro Portion ca. 490 kcal*

Für 4 Personen

Für die Meerrettich-Terrine:

2 Blatt weiße Gelatine
200 g Sahne
100 g Frischkäse
100 g Crème fraîche
100 g Sahnemeerrettich (aus dem Glas)
1 Beet Kresse
Salz | Balsamico bianco
2 TL Sonnenblumenöl

Für den Rote-Bete-Salat:

500 g Rote Bete
1 Zwiebel
3 EL Balsamico bianco
1 EL Olivenöl
1 EL Honig
1 Knoblauchzehe
Salz | Pfeffer

Tauschbörse

Der Salat schmeckt auch hervorragend mit **dunklem Aceto balsamico,** verliert dann allerdings etwas seine kräftig rote Farbe. Kräuterfans geben noch 1–2 TL gehackte **Dillspitzen** zum Salat. Liebhaber fruchtiger Salate können 100 g grüne kernlose **Weintrauben** hinzufügen.

1 Am Vortag für die Meerrettich-Terrine die Gelatine in etwas kaltem Wasser 5 Min. einweichen. 100 g Sahne in einem Topf bei schwacher Hitze erwärmen, die Gelatine gut ausdrücken (**Bild 1**) und in der Sahne auflösen.

2 Frischkäse, Crème fraîche und Sahnemeerrettich verrühren. Nach und nach zur Gelatine-Sahne-Mischung geben und glatt rühren. Die Hälfte der Kresse mit der Schere vom Beet schneiden und unter die Creme rühren. Die Creme mit Salz und Essig abschmecken. Restliche Sahne steif schlagen und vorsichtig unterheben.

3 Vier Pastetenförmchen (à ca. 9 cm Ø oder eine große Form mit ca. 30 cm Länge) mit etwas Öl einfetten und mit Frischhaltefolie auslegen (**Bild 2**). Meerrettichcreme in die Förmchen füllen und über Nacht zugedeckt kühl stellen.

4 Die Rote-Bete-Knollen waschen, putzen und in einem Topf mit Wasser bedeckt je nach Größe 45–60 Min. bei mittlerer Hitze zugedeckt gar kochen (**Bild 3**). Abgießen, abkühlen lassen, anschließend schälen und in Stifte schneiden. Die Zwiebel schälen und fein würfeln.

5 Für das Dressing Essig, Olivenöl und Honig verrühren, den Knoblauch schälen und dazupressen. Mit Salz und Pfeffer würzen. Die Rote Bete und die Zwiebel mit dem Dressing mischen, ca. 1 Std. ziehen lassen und nochmals mit Salz und Pfeffer abschmecken.

6 Die Terrinen auf vier Teller stürzen, die Förmchen und die Folie entfernen. Den Rote-Bete-Salat um die Terrinen herum anrichten. Die restliche Kresse vom Beet schneiden, auf den Terrinen verteilen und den Salat servieren.

Scharfe Balsamico-Vinaigrette

heißer mediterraner Dressing-Favorit

Für 4 Personen **1 grüne Chilischote** waschen, entkernen und in feine Würfel schneiden. **3 EL Aceto balsamico, 2 TL Dijon-Senf** und **2 TL Honig** verrühren. Dann nach und nach **6 EL Olivenöl** unterschlagen. Die Chiliwürfel dazugeben und die Vinaigrette mit **Salz** und **Pfeffer** abschmecken. Für eine exotische Note nach Belieben **etwas Kakaopulver** unterrühren. Diese Vinaigrette passt zu allen mediterran angehauchten Salaten und ganz besonders gut zu Tomatensalat.

Schnittlauch-Vinaigrette

französischer Salatsaucen-Klassiker

Für 4 Personen **2 EL Sherry-Essig, 2 TL süßen Senf** (z. B. Feigensenf) und **2 TL Honig** verrühren. Nach und nach **6 EL Walnussöl** unterschlagen. Mit **Salz, Pfeffer, Essig** und **Honig** abschmecken. **1/2 Bund Schnittlauch** waschen und mit Küchenpapier trocken tupfen. In feine Röllchen schneiden und unter die Vinaigrette rühren. Diese Allround-Vinaigrette passt zu fast allen klassischen Blatt- und Gemüsesalaten ebenso wie zu Fleisch und Fisch.

Kapern-Zitronen-Dressing

perfekt zu Spargel- oder Fischsalaten

Für 6 Personen **2 Knoblauchzehen** schälen und fein hacken. **150 g Butter** in einem Topf zerlassen. Bei schwacher Hitze ca. 10 Min. offen köcheln lassen, bis sie sich leicht braun verfärbt. Vom Herd nehmen, den Knoblauch darin ziehen lassen, bis die Butter abgekühlt ist. Durch ein mit Küchenpapier ausgelegtes Sieb gießen. Die abgekühlte Butter mit **2 TL abgeriebener Bio-Zitronenschale, 3 EL frisch gepresstem Zitronensaft** und **2 EL Kapern** (aus dem Glas) verrühren. Mit **Salz, Pfeffer,** etwas **Honig** und **Zitronensaft** abschmecken.

Passionsfrucht-Dressing

exotisch-fruchtiges Lieblingsdressing

Für 4 Personen **4 Passionsfrüchte** halbieren, das Fruchtfleisch durch ein Sieb in eine Schüssel streichen. **1/2 Schalotte** und **10 g frischen Ingwer** schälen und fein würfeln. Den Saft mit **2 EL Balsamico bianco, 1 EL Honig** und den Schalotten- und Ingwerwürfeln verrühren. Nach und nach **6 EL Rapsöl** unterrühren. Mit **Salz, Pfeffer** und Balsamico abschmecken. Nach Belieben **1 EL gehackte Kräuter** (Basilikum oder Thai-Basilikum) unterrühren. Das Dressing gibt Blattsalaten eine fruchtige Note und passt auch zu Fisch und Geflügel.

Joghurt-Dressing
mit Kräutern

kräuterfrischer Salat-Veredler

Für 4 Personen **150 g griechischen Joghurt** (Fettgehalt ca. 10 %) mit **2 EL Kräuteressig** und **2 EL Olivenöl** verrühren. Mit **Salz, Pfeffer,** etwas **Honig** und ein paar Spritzern **frisch gepresstem Zitronensaft** abschmecken. **2 EL gemischte, frisch gehackte Kräuter** (z. B. Petersilie, Kerbel, Schnittlauch, Estragon, Basilikum) unterrühren und 5 Min. durchziehen lassen. Das Dressing passt zu allen Blattsalaten sowie zu Gurken und Tomaten.

Honig 1 1/4 Tl

Meerrettich-Dressing

knoblauchwürzig und meerrettichscharf

Für 4 Personen **1 Knoblauchzehe** schälen und grob hacken. Mit **100 g Frischkäse, 2 EL Sahnemeerrettich, 2 EL Öl** (z. B. Sonnenblumenöl), **2 EL Balsamico bianco** und **4 EL trockenem Weißwein** (nach Belieben) in einen Mixbecher geben und mit dem Stabmixer fein pürieren. Das Dressing mit **Salz** und **Pfeffer** würzen, mit 3–5 EL Wasser ausreichend verdünnen. Das Meerrettich-Dressing passt zu Blattsalaten, Rohkost und Fisch.

Feta-Dressing mit Oliven

für Salate mit mediterraner Note

Für 4 Personen je **1/2 Schalotte und Knoblauchzehe** schälen und grob hacken. Mit **80 g Schafkäse** (Feta oder anderem Salzlakenkäse), **50 g Sahnejoghurt, 3 EL Olivenöl** und je **1 EL Weißweinessig** und **frisch gepresstem Zitronensaft** fein pürieren. Mit **Salz, Pfeffer** und **Honig** abschmecken. **10 entsteinte schwarze Oliven** in feine Ringe schneiden, mit **1 TL getrocknetem Oregano** unterrühren. Das Dressing mit etwas Wasser verdünnen.

Kaviar-Dressing

für anspruchsvolle Salatliebhaber

Für 4 Personen **100 g Crème fraîche, 1 EL Weißweinessig, 1 EL Öl** (z. B. Distelöl), 2 EL Wasser und **1 Prise Senfpulver** (ersatzweise 1/2 TL scharfer Senf) verrühren. Mit **Salz, Pfeffer,** etwas **Honig** und ein paar Spritzern **frisch gepresstem Zitronensaft** abschmecken. **1 EL gehackten Dill** unterrühren und vorsichtig **2 EL Forellenkaviar** unter das Dressing rühren. Nach Belieben **1–2 TL trockenen Vermouth** (z. B. Noilly Prat) unterrühren. Das Kaviar-Dressing passt zu Feldsalat, Rucola, Kartoffeln und natürlich zu Fisch und Meeresfrüchten.

Hauptsache Salat – richtig gesund satt essen!

Mit kleinen Extras laden diese Salate so richtig zum Schlemmen ein – und das ohne schlechtes Gewissen!

Für 4 Personen

3 EL Rotweinessig
1 EL Honig
2 EL körniger Senf
4 EL Rapsöl
Salz | Pfeffer
1 rote Paprikaschote
6 EL Essig
4 Eier
200 g Feldsalat
12 Scheiben Frühstücksspeck

Feldsalat mit Ei und Speck

richtig deftig | *im Bild links*
Zubereitung: ca. 20 Min. | *Pro Portion ca. 585 kcal*

1 Für das Dressing Weinessig, Honig und Senf verrühren. Nach und nach das Öl unterschlagen, salzen und pfeffern.

2 Paprika halbieren, putzen, waschen und in schmale Streifen schneiden. 1 l Wasser mit 2 EL Salz und Essig in einem Topf aufkochen. Die Eier einzeln in eine Tasse aufschlagen, aus geringer Höhe in das Wasser gleiten lassen. Offen 4 Min. bei schwacher Hitze köcheln lassen, mit einer Schaumkelle aus dem Wasser heben und abtropfen lassen.

3 Den Feldsalat waschen und trocken schleudern. Speck ohne Fett in einer Pfanne bei mittlerer Hitze knusprig auslassen. Paprika, Salat, Eier und Speck auf vier Tellern anrichten und mit dem Dressing beträufeln.

Geflügelsalat
mit Balsamico-Linsen

italienische Landküche | *Zubereitung: ca. 2 1/2 Std.* | *Marinieren: mind. 30 Min.* | *Pro Portion ca. 560 kcal*

Für 4 Personen

1 Hähnchen (ca. 1,2 kg)
250 g Berglinsen (Le-Puy-Linsen)
2 TL gekörnte Brühe
2 rote Zwiebeln
3 Knoblauchzehen
5 EL Öl (z. B. Rapsöl)
1 EL Balsamico bianco
1–2 EL frisch gepresster Zitronensaft
1 TL abgeriebene Bio-Zitronenschale
1 TL edelsüßes Paprikapulver
Salz | Pfeffer
4 EL Aceto balsamico
1 TL Honig
3 Tomaten
1 Bund Basilikum
1 Bund Rucola

Getränke-Tipp

Zu diesem italienisch inspirierten Salat passt sowohl Weiß- als auch Rotwein. Um im Land zu bleiben, bietet es sich an, auch einen italienischen Wein dazu zu reichen. Servieren Sie einen **weißen Gavi** aus dem Piemont oder als Rotwein einen **Montepulciano d'Abruzzo.**

1 Das Hähnchen in einem großen Topf mit Wasser bedecken und ca. 1 1/2–2 Std. bei schwacher Hitze zugedeckt köcheln lassen. Das Hähnchen abkühlen lassen, die Haut ablösen, das Fleisch von den Knochen lösen und klein zupfen.

2 Die Linsen mit Wasser bedecken und bei schwacher Hitze offen köcheln lassen. Nach 15 Min. die Brühe hinzufügen. Nach 20 Min. laufend testen, ob die Linsen bereits gar sind (Garzeit variiert, Herstellerangaben stimmen häufig nicht! Nach 25–30 Min. sollen die Linsen aber gar sein.). In ein Sieb abgießen, kalt abschrecken und gründlich abtropfen lassen.

3 Für den Geflügelsalat 1 Zwiebel und 2 Knoblauchzehen schälen, die Zwiebel in schmale Spalten schneiden, den Knoblauch fein würfeln. 4 EL Öl mit Zwiebel, Knoblauch, Balsamico bianco, 1 EL Zitronensaft, Zitronenschale und Paprikapulver verrühren, mit dem Hähnchenfleisch mischen, mit Salz, Pfeffer und Zitronensaft abschmecken.

4 Für die Balsamico-Linsen restliche Zwiebel und restlichen Knoblauch schälen, beides fein würfeln. Aceto balsamico, restliches Öl und Honig verrühren, mit Linsen, Zwiebel- und Knoblauchwürfeln mischen und mit Salz und Pfeffer würzen. Geflügelsalat und Linsen 30 Min. ziehen lassen.

5 Tomaten waschen, halbieren, entkernen, ohne Stielansätze fein würfeln. Basilikum und Rucola waschen und trocken schütteln, die Basilikumblätter abzupfen. Beim Rucola grobe Stiele entfernen, die Hälfte der Blätter klein schneiden und unter die Linsen mischen. Basilikum und Tomaten mit dem Hähnchenfleisch mischen. Alles nochmals abschmecken. Die restlichen Rucolablätter auf vier Teller verteilen, die Linsen und den Geflügelsalat darauf anrichten.

Steinpilz-Salat mit Roastbeef

Edles für die Pilzsaison | *Zubereitung: ca. 30 Min.* | *Pro Portion ca. 265 kcal*

Für 4 Personen

150 ml Aceto balsamico
30 g Zucker
Salz | Pfeffer
250 g Rucola
6 getrocknete, in Öl eingelegte Tomaten
400 g Steinpilze
2 Knoblauchzehen
4 EL Öl (z. B. Sonnenblumenöl)
200 g Roastbeefaufschnitt (in dünnen Scheiben)

Clever variieren

Der Salat schmeckt auch mit **Champignons** und **luftgetrocknetem Schinken.**

1 Für den Balsamico-Sirup den Essig in einem kleinen Topf mit dem Zucker bei mittlerer Hitze 6–8 Min. offen einkochen, bis die Mischung leicht andickt. Mit Salz und Pfeffer abschmecken. Den Rucola verlesen, waschen, trocken schleudern, grobe Stiele entfernen, Blätter nach Belieben in mundgerechte Stücke zupfen. Die Tomaten abtropfen lassen und in Streifen schneiden.

2 Steinpilze putzen und mundgerecht schneiden. Knoblauch schälen und fein würfeln. In einer Pfanne 1 EL Öl erhitzen, die Hälfte der Pilze darin rundum insgesamt 5–6 Min. anbraten. Die Hälfte des Knoblauchs dazugeben, 1 Min. mitbraten, von der heißen Herdplatte nehmen, salzen und pfeffern. In eine Schüssel geben. Mit den restlichen Pilzen und dem restlichen Knoblauch genauso verfahren.

3 Den Rucola mit dem restlichen Öl mischen und auf vier Teller verteilen. Das Roastbeef, die Tomaten und die Pilze darauf anrichten, mit dem Balsamico-Sirup beträufeln und mit Baguette oder Ciabatta als Beilage servieren.

Teriyaki-Spinat-Salat

***Würziges aus Fernost** | Zubereitung: ca. 25 Min. | Marinieren: mind. 1 Std. | Pro Portion ca. 465 kcal*

Für 4 Personen

20 g frischer Ingwer | 3 Knoblauchzehen | 100 ml trockener Weißwein | 100 ml Sojasauce
2 EL frisch gepresster Zitronensaft | 4 EL Zucker | 500 g Hähnchenbrustfilets | 400 g Shiitake-Pilze | 800 g frischer Blattspinat | 1 Zwiebel
5 EL Distelöl | 50 g Butter
100 ml Gemüsebrühe
Salz | Pfeffer

Pilz-Variante

Die Shiitake-Pilze können Sie durch **Champignons** ersetzen. Diese trocken abreiben, halbieren und nach Rezept verarbeiten.

1 Für die Marinade Ingwer und 1 Knoblauchzehe schälen. Ingwer fein reiben, Knoblauch durchpressen, beides mit Wein, Sojasauce, Zitronensaft und Zucker verrühren. Hähnchenbrust trocken tupfen und in der Marinade 1 Std. ziehen lassen. Pilze trocken abreiben, Stiele entfernen, große Hüte halbieren. Spinat verlesen, waschen, grobe Stiele abschneiden. Zwiebel und restlichen Knoblauch schälen, fein würfeln.

2 Ofen auf 200° (Umluft 180°) vorheizen. Filets trocken tupfen. In einer Pfanne 2 EL Öl erhitzen und die Filets darin bei starker Hitze beidseits je 1–2 Min. scharf anbraten. In eine Auflaufform geben, die Marinade bis auf 100 ml darübergießen, im heißen Ofen (Mitte) ca. 10 Min. garen. Restliches Öl in der Pfanne erhitzen, Pilze in zwei Portionen bei mittlerer Hitze je 5–6 Min. anbraten, mit je 50 ml restlicher Marinade ablöschen. Butter erhitzen, Zwiebel und Knoblauch bei mittlerer Hitze ca. 2 Min. anbraten, Brühe, dann Spinat dazugeben und zusammenfallen lassen. Salzen und pfeffern. Fleisch in Scheiben schneiden, mit Pilzen und Spinat anrichten.

Wintersalat mit Entenbrust

Frisches für die kalte Jahreszeit
Zubereitung: ca. 25 Min. | Pro Portion ca. 550 kcal

Für 4 Personen

3 säuerliche Äpfel (z. B. Boskop) | 1 EL Butter
1 EL frisch gepresster Zitronensaft | 4 EL Apfelessig | 2 TL Honig | 8 EL Sonnenblumenöl
1 Schalotte | Salz | Pfeffer | 1/2 Endiviensalat | 1 Stange Lauch | 2 EL Calvados
(franz. Apfelschnaps; ersatzweise Apfelsaft)
400 g geräucherte Entenbrust

1 1 Apfel schälen, halbieren und ohne Kerngehäuse fein würfeln. Butter in einer Pfanne erhitzen, Apfelwürfel darin bei mittlerer Hitze 1–2 Min. braten, mit Zitronensaft ablöschen. Essig, Honig und 6 EL Öl verrühren. Apfelwürfel pürieren, Schalotte schälen, fein würfeln. Beides dazugeben, salzen, pfeffern. Endiviensalat zerpflücken, waschen, trocken schleudern. Harte Blattstrünke entfernen, Blätter in feine Streifen schneiden.

2 Lauch putzen, in Ringe schneiden, waschen. Restliche Äpfel waschen, halbieren, ohne Kerngehäuse in Spalten schneiden. Restliches Öl in einer Pfanne erhitzen, die Lauchringe darin bei mittlerer Hitze 3–4 Min. anbraten, mit dem Calvados ablöschen, salzen und pfeffern. Entenbrust in Scheiben schneiden. Endiviensalat mit dem Dressing mischen, auf vier Teller verteilen, Äpfel, Lauch und Entenbrust darauf anrichten.

Brezen-Schwammerl-Salat mit Bresaola

Feines aus der Alpenküche
Zubereitung: ca. 25 Min. | Pro Portion ca. 385 kcal

Für 4 Personen

100 g Brunnenkresse | 125 g Rucola
1 Zwiebel | 2 Knoblauchzehen | 300 g Pfifferlinge | 2 Laugenbrezeln | 100 g Bresaola
oder Bündner Fleisch (in dünnen Scheiben)
100 g Butter | 2 EL Rapsöl | Salz | Pfeffer
ca. 50 ml Crema di Balsamico

1 Backofen auf 200° (Umluft 180°) vorheizen. Brunnenkresse und Rucola waschen, trocken schütteln, grobe Stiele entfernen und die Blätter klein zupfen. Zwiebel und Knoblauch schälen, fein würfeln. Pilze trocken abreiben, putzen, große Pilze halbieren. Brezeln in dünne Scheiben, Bresaola in Streifen schneiden. 70 g Butter zerlassen, mit den Brezelscheiben mischen, auf ein mit Backpapier ausgelegtes Backblech geben und im heißen Ofen (Mitte) 6–8 Min. backen, bis die Scheiben leicht gebräunt und knusprig sind.

2 Öl in einer Pfanne erhitzen, Pilze darin mit den Zwiebelwürfeln in zwei Portionen bei mittlerer Hitze je 5–6 Min. anbraten. Je die Hälfte des Knoblauchs kurz mitbraten, je die Hälfte der restlichen Butter hinzufügen, salzen und pfeffern. Rucola, Brunnenkresse, Brezelscheiben und Bresaola auf vier Teller verteilen, Pilze darauf anrichten und den Salat mit Crema di Balsamico beträufeln.

vorne: Wintersalat mit Entenbrust | hinten: Brezen-Schwammerl-Salat mit Bresaola

Glasnudelsalat
mit Rindfleisch

Klassiker aus Südostasien | *Zubereitung: ca. 30 Min.* | *Pro Portion ca. 455 kcal*

Für 4 Personen

200 g Glasnudeln
3 Knoblauchzehen
2 EL Fischsauce
2 EL Sojasauce
400 g Rindersteak
1 Salatgurke
2 rote Zwiebeln
2 rote Chilischoten
1 Bund Thai-Basilikum
60 g ungesalzene Erdnusskerne
4 EL frisch gepresster Limettensaft
1 EL brauner Zucker
4 EL Öl (z. B. Erdnussöl)
Salz | 1 Limette

1 Die Glasnudeln mit kochendem Wasser übergießen und 5 Min. quellen lassen. In ein Sieb abgießen, kalt abschrecken und abtropfen lassen.

2 Den Knoblauch schälen und fein würfeln. Mit Fischsauce und Sojasauce verrühren. Das Rindfleisch in feine Streifen schneiden und mit der Marinade mischen.

3 Die Salatgurke waschen, längs halbieren und entkernen, die Zwiebeln schälen, die Chilis waschen und entkernen. Alles in schmale Streifen schneiden. Das Thai-Basilikum waschen, trocken schütteln, die Blätter abzupfen. Erdnüsse in einer Pfanne ohne Fett rösten, bis sie leicht gebräunt sind.

4 Gurke, Zwiebeln, Chilis, Thai-Basilikum und Erdnüsse in einer Schüssel mischen. Limettensaft, Zucker und 2 EL Öl verrühren, darübergießen, alles durchmischen und mit Salz würzen. Glasnudeln mit einer Schere in mundgerechte Stücke schneiden und mit den anderen Zutaten mischen, nochmals abschmecken.

5 Das restliche Öl im Wok oder einer großen Pfanne erhitzen und das Rindfleisch darin bei starker Hitze ca. 3–4 Min. braten. Nach Belieben salzen. Mit dem Salat mischen und auf vier Tellern anrichten. Die Limette heiß abwaschen, vierteln, zum Salat legen und servieren.

Clever servieren

Als **fruchtige Unterlage** für den Salat sind dünne Ananasscheiben die richtige Wahl. Dafür 1/2 Ananas (ca. 500 g) schälen und den harten Strunk in der Mitte herausschneiden. Das Fruchtfleisch in zwölf dünne Scheiben schneiden. Je drei Scheiben Ananas in einer Reihe auf vier Teller verteilen und den Salat darauf anrichten.

Bunter Salat mit Hähnchenbrust

mediterraner Verführer

Zubereitung: ca. 30 Min. | Pro Portion ca. 465 kcal

Für 4 Personen

4 EL Aceto balsamico | 2 TL Dijon-Senf
2 TL Honig | 8 EL Sonnenblumenöl | Salz
Pfeffer | 1 kleiner Lollo bionda | 1 kleiner Radicchio | 1 Bund Basilikum | 150 g Kirschtomaten | 400 g Hähnchenbrust (ohne Haut)
1 Knoblauchzehe | 2 TL getrockneter Thymian
100 g schwarze Oliven (ohne Stein)
80 g Kapern (aus dem Glas)
120 g grobe Parmesanspäne

1 Essig, Senf und Honig verrühren, 6 EL Öl unterschlagen, salzen, pfeffern. Blattsalate zerpflücken, waschen, trocken schleudern und mundgerecht zerzupfen. Basilikum waschen, trocken schütteln, die Blätter abzupfen. Tomaten waschen und halbieren.

2 Hähnchenfleisch trocken tupfen und in mundgerechte Streifen schneiden. Restliches Öl in einer großen Pfanne erhitzen und das Fleisch darin bei starker Hitze von allen Seiten 4–5 Min. anbraten. Den Knoblauch schälen und dazupressen. Mit Salz, Pfeffer und Thymian kräftig würzen.

3 Salatblätter auf einer großen Platte verteilen. Hähnchenstreifen darauf anrichten. Oliven, Basilikum, Kapern und Tomaten darauf verteilen, mit dem Dressing beträufeln, den Parmesan darüberstreuen.

Feldsalat mit Fleischbällchen

schmeckt auch Salatmuffeln

Zubereitung: ca. 35 Min. | Pro Portion ca. 590 kcal

Für 4 Personen

1 Zwiebel | 2 Knoblauchzehen | 10 getrocknete, in Öl eingelegte Tomaten | 300 g Lamm- oder Rinderhackfleisch | 1/2 TL gemahlener Kreuzkümmel | 1 TL edelsüßes Paprikapulver
2 TL Kräuter der Provence | Salz | Pfeffer
500 g Pellkartoffeln (s. S. 63) | 8 EL Olivenöl
3 EL Weißweinessig | 2 TL Honig
150 g Schafkäse (Feta) | 200 g Feldsalat

1 Den Backofengrill vorheizen. Zwiebel und Knoblauch schälen, mit 2 Tomaten grob würfeln, fein pürieren. Püree mit Fleisch, Gewürzen und Kräutern mischen, salzen und pfeffern. Daraus 20 walnussgroße, ovale Fleischbällchen formen.

2 Kartoffeln pellen, fein würfeln. 2 EL Öl in einer Pfanne erhitzen und die Kartoffeln darin bei mittlerer Hitze in 12–15 Min. rundum goldbraun braten. Fleischbällchen auf einem mit Backpapier belegten Blech im heißen Ofen (Mitte) 8–10 Min. grillen, bis sie gebräunt und gar sind. Kartoffeln kräftig salzen und pfeffern.

3 Essig und Honig verrühren, restliches Öl unterschlagen. Feta würfeln. Feldsalat waschen, putzen, trocken schleudern, mit Kartoffeln, Feta, Fleischbällchen und Tomaten auf vier Tellern anrichten, mit Dressing beträufeln.

oben: Bunter Salat mit Hähnchenbrust | unten: Feldsalat mit Fleischbällchen

Wasabi-Kartoffel-Salat

winterlicher Frischespender | *Zubereitung: ca. 45 Min.*
Marinieren: mind. 1 Std. | *Pro Portion ca. 410 kcal*

Für 4 Personen

1 kg festkochende Kartoffeln | Salz
200 g Joghurt | 100 g Salatmayonnaise
1–3 TL Wasabipaste (ersatzweise Meerrettich aus dem Glas)
Pfeffer | 100 g Postelein (Winter-Portulak)
250 g geräucherte Forellenfilets

1 Die Kartoffeln waschen und ungeschält in Salzwasser zugedeckt in 25–30 Min. bei mittlerer Hitze gar kochen.

2 Fürs Dressing Joghurt und Mayonnaise verrühren, mit Wasabipaste, Salz und Pfeffer abschmecken. Kartoffeln noch warm pellen, würfeln und mit dem Dressing mischen. Mindestens 1 Std. ziehen lassen.

3 Postelein waschen, trocken schleudern und verlesen. Die Hälfte der Forellenfilets fein zerpflücken und mit dem Kartoffelsalat mischen, nochmals abschmecken. Postelein und Salat in vier Schälchen anrichten. Die restlichen Forellenfilets grob zerkleinern und auf dem Salat anrichten.

Gut zu wissen

Wasabi ist als Paste oder Pulver aus der japanischen Küche nicht wegzudenken. Der japanische Meerrettich ist wegen der in ihm enthaltenen Senföle sehr scharf und sollte vorsichtig dosiert werden.

Friesischer Salat mit Matjes

Meeresbrise auf dem Teller
Zubereitung: ca. 45 Min. | *Pro Portion ca. 565 kcal*

Für 4 Personen

8 große festkochende Kartoffeln (ca. 1,2 kg)
Salz | 1 Bund Dill | 1 Knoblauchzehe
200 g Joghurt | 50 g Crème fraîche
4 EL Kräuteressig | Pfeffer | Zucker
1 kleiner Kopfsalat | 12 Radieschen
2 EL Sonnenblumenöl | 4 Matjesfilets

1 Die Kartoffeln waschen und ungeschält in Salzwasser zugedeckt in 25–30 Min. bei mittlerer Hitze gar kochen.

2 Inzwischen Dill waschen, trocken schütteln, die Spitzen abzupfen und fein hacken. Den Knoblauch schälen und fein hacken. Beides mit Joghurt, Crème fraîche und 2 EL Essig verrühren und mit Salz, Pfeffer und Zucker abschmecken.

3 Den Kopfsalat zerpflücken, waschen, trocken schleudern und mundgerecht zerzupfen. Radieschen waschen, putzen, in dünne Scheiben schneiden und mit restlichem Essig und Öl verrühren. Mit Salz und Pfeffer würzen.

4 Die Kartoffeln noch warm pellen und in Scheiben schneiden. Den Kopfsalat auf vier Teller verteilen, die Kartoffelscheiben dachziegelartig darauflegen, die Radieschen und je 1 Matjesfilet darauf anrichten. Mit dem Dilljoghurt servieren.

vorne: Friesischer Salat mit Matjes | hinten: Wasabi-Kartoffel-Salat

Lauwarmer Fischsalat mit Safran-Dressing

Salatgenuss à la Marseillaise | *Zubereitung: ca. 50 Min.* | *Pro Portion ca. 440 kcal*

Für 4 Personen

1 Zwiebel
4 Knoblauchzehen
1 TL Fenchelsamen
300 ml Fischfond
300 ml trockener Weißwein (ersatzweise Wasser)
2 TL gekörnte Gemüsebrühe
1 Döschen Safranfäden (0,1 g)
2 rote und 1 gelbe Paprikaschote
1 EL Weißweinessig
3–4 EL frisch gepresster Zitronensaft
1 EL Butter
1 TL Zucker | Salz
frisch gemahlener Pfeffer
2 Möhren
2 kleine Fenchelknollen
250 g Kirschtomaten
je 400 g Steinbeißer- und Kabeljaufilet
5 EL Rapsöl
2 EL gehackter Kerbel
4 Zitronenviertel (nach Belieben)

Clever variieren

Auch **andere weiße Fischfilets,** wie Seelachs, Rotbarsch oder Zander, passen sehr gut zu diesem Salat!

1 Zwiebel und 2 Knoblauchzehen schälen und vierteln. Fenchelsamen mit einem schweren Messerrücken andrücken. Alles in einem Topf mit Fischfond, 100 ml Weißwein und Brühe aufkochen und 6–8 Min. offen köcheln lassen.

2 Safran in 50 ml Wein einweichen. Paprikas halbieren, putzen, waschen, eine rote Paprikahälfte fein würfeln, den Rest mundgerecht schneiden. Fond durchsieben, Safranwein hinzufügen, nochmals aufkochen, vom Herd nehmen. Paprikawürfel, Essig, 1 EL Zitronensaft, Butter und Zucker hinzufügen, salzen und pfeffern. Möhren schälen und schräg in Scheiben schneiden. Fenchel waschen, putzen und vierteln, dabei den harten Strunk entfernen. Kirschtomaten waschen.

3 Ofen auf 120° (Umluft 110°) vorheizen. Fischfilets waschen, trocken tupfen, mit übrigem Zitronensaft beträufeln, in 6–8 cm große Stücke schneiden. 3 EL Öl in einer Pfanne erhitzen, die Fischfilets darin beidseits bei starker Hitze je 1–2 Min. anbraten, in eine Auflaufform legen, mit Safransud übergießen, im heißen Ofen (Mitte) 12–15 Min. garen.

4 Restlichen Knoblauch schälen. Je 1 EL Öl in einer großen Pfanne erhitzen und das vorbereitete Gemüse bis auf die Tomaten darin in zwei Portionen je 6–7 Min. bei mittlerer Hitze braten. Je die Hälfte des Knoblauchs dazupressen, die Hälfte des restlichen Weins angießen, die Hälfte der Tomaten hinzufügen und jeweils 3–4 Min. zugedeckt bei schwacher Hitze ziehen lassen. Salzen und pfeffern.

5 Das Gemüse auf vier Teller verteilen. Die Fischfilets darauf anrichten. Den Salat mit dem Dressing beträufeln, salzen, mit grob gemahlenem Pfeffer und Kerbel bestreuen, nach Belieben mit Zitronenvierteln servieren.

Bulgursalat mit Garnelen

orientalischer Sommertraum | *Zubereitung: ca. 45 Min.* | *Pro Portion ca. 365 kcal*

Für 4 Personen

200 g Bulgur | 350 ml Gemüsebrühe | 1 TL Kurkumapulver
1 TL edelsüßes Paprikapulver 1/2 TL gemahlener Kreuzkümmel | 20 g Butter
1 kleine Fenchelknolle
1 EL Distelöl
50 ml trockener Vermouth (z. B. Noilly Prat)
Salz | Pfeffer
4–5 EL frisch gepresster Zitronensaft
150 g breite grüne Bohnen
150 g vorgegarte kleine, in Öl eingelegte Garnelen
1/2 Granatapfel
6 Blätter Minze

1 Bulgur und Gemüsebrühe mit Kurkuma-, Paprikapulver und Kreuzkümmel in einem Topf aufkochen, ca. 5–8 Min. bei schwacher Hitze offen köcheln lassen, bis die Flüssigkeit verkocht ist. Von der Herdplatte nehmen, die Butter hinzufügen und zugedeckt 10 Min. ziehen lassen.

2 Fenchel waschen, putzen, halbieren, fein würfeln, dabei den Strunk entfernen. Öl in einer Pfanne erhitzen und den Fenchel darin bei mittlerer Hitze 4–5 Min. anbraten, bis er leicht gebräunt ist. Vermouth angießen, offen bei mittlerer Hitze verkochen lassen. Pfanne von der Herdplatte nehmen, den Fenchel mit Salz, Pfeffer und Zitronensaft würzen.

3 Bohnen putzen, quer halbieren. In kochendem Salzwasser ca. 6–8 Min. zugedeckt garen, in ein Sieb abgießen, kalt abschrecken. Die Garnelen abtropfen lassen. Granatapfelhälfte halbieren, die Kerne mit einem Löffel aus der Schale lösen. Minze waschen, trocken schütteln und in Streifen schneiden. Alle Zutaten mischen. Mit Salz, Pfeffer und Zitronensaft abschmecken. Den Salat auf vier Tellern anrichten.

Nudelsalat mit Lachs

maritimer Genuss | *Zubereitung: ca. 25 Min.* | *Pro Portion ca. 590 kcal*

Für 4 Personen

400 g Caserecce oder Fusilli
Salz | 150 g TK-Erbsen
100 g Rucola
200 g Kirschtomaten
200 g Räucherlachs
20 g Butter
1 Knoblauchzehe
2 EL trockener Weißwein (nach Belieben)
2 EL Weißweinessig
Pfeffer

1 Die Nudeln nach Packungsangabe in reichlich kochendem Salzwasser bissfest garen. 5 Min. vor Ende der Garzeit die Erbsen dazugeben und mitgaren. Nudeln und Erbsen in ein Sieb abgießen, kalt abschrecken und abtropfen lassen.

2 Rucola verlesen, waschen, trocken schleudern, grobe Stiele entfernen und die Blätter klein schneiden. Die Tomaten waschen und halbieren. Den Räucherlachs grob zerpflücken.

3 Die Butter zerlassen und in eine große Schüssel geben. Den Knoblauch schälen und dazupressen, Weißwein und Essig hinzufügen. Nudeln und Erbsen darin schwenken und mit Salz und Pfeffer abschmecken. Rucola, Tomaten und Lachs untermischen. Den Salat auf vier Tellern anrichten.

1
2
3

Artischockensalat
mit Portwein-Mayonnaise

mediterraner Edelsalat | *Zubereitung: ca. 45 Min.* | *Pro Portion ca. 485 kcal*

Für 4 Personen

Für den Salat:

2 Zitronen
6 junge Artischocken
2 Knoblauchzehen | Salz
2 TL Kräuter der Provence
1 EL gehackter Estragon
2 EL Sonnenblumenöl
weißer Pfeffer
4 Eier | 1 Radicchio
ca. 1 EL Weißweinessig
8 in Öl eingelegte Sardellenfilets

Für die Portwein-Mayonnaise:

1 Eigelb
1 EL Weißweinessig
1 TL Dijon-Senf
120 ml Sonnenblumenöl
Salz | weißer Pfeffer
ca. 1 EL frisch gepresster Zitronensaft
2–3 EL weißer Portwein

1 Für den Salat die Zitronen auspressen. Die Artischocken putzen, vierteln, das Stroh und holzige Teile entfernen, die Stiele großzügig schälen. Artischocken in Zitronenwasser (1 l Wasser mit 3 EL Zitronensaft) einlegen, damit sie sich nicht dunkel verfärben (**Bild 1**).

2 Den Knoblauch schälen und halbieren. Salzwasser mit Knoblauch, Kräutern der Provence und 5 EL Zitronensaft aufkochen und die Artischocken darin 7–10 Min. zugedeckt bei mittlerer Hitze garen, bis sie weich sind (**Bild 2**). In ein Sieb abgießen, kalt abschrecken und abtropfen lassen. Estragon, 2 EL Zitronensaft und das Öl verrühren, mit den Artischocken mischen, mit Salz und Pfeffer würzen.

3 Die Eier nach Belieben wachsweich (5–6 Min.) oder hart (8–10 Min.) kochen. Den Radicchio putzen, zerpflücken, dabei acht Blätter ganz lassen, Rest zerzupfen, alle Blätter waschen und trocken schleudern. Die zerzupften Blätter in Streifen schneiden und mit den Artischocken mischen. Mit Essig, Salz und Pfeffer nochmals abschmecken.

4 Für die Mayonnaise das Eigelb, Essig und Senf verrühren. Zuerst 50 ml Öl tropfenweise, dann in dünnem Strahl den Rest zulaufen lassen (**Bild 3**), jeweils gründlich mit einem Schneebesen unterschlagen. Mayonnaise mit Salz, Pfeffer und Zitronensaft abschmecken und mit soviel Portwein verrühren, dass sie etwas flüssiger wird.

5 Ganze Radicchioblätter auf vier Teller verteilen und die Artischocken darauf anrichten. Die Eier pellen, halbieren und mit den Sardellenfilets auf dem Salat verteilen. Mayonnaise über den Salat träufeln. Dazu schmeckt Knoblauchbrot.

Grillgemüse-Salat

würzig mariniert | *Zubereitung: ca. 25 Min.*
Marinieren: ca. 30 Min. | *Pro Portion ca. 380 kcal*

Für 4–6 Personen

4 Knoblauchzehen | 150 ml Olivenöl
4 EL Balsamico bianco | 2 TL Honig
2 TL gemahlener Rosmarin | Meersalz
frisch gemahlener Pfeffer
2 große Süßkartoffeln (ca. 600 g)
2 rote Paprikaschoten
1 Aubergine (ca. 350 g)
1 Zucchino (ca. 300 g)
2 EL gehackte Petersilie

1 Den Knoblauch schälen und durchpressen. Mit 120 ml Öl, Essig, Honig und Rosmarin, verrühren. Kräftig salzen und pfeffern.

2 Das Gemüse waschen und putzen. Die Süßkartoffeln in einem Topf knapp mit Wasser bedecken und zugedeckt 10 Min. bei mittlerer Hitze garen. Abgießen, abkühlen lassen, schälen und in Scheiben schneiden. Paprikas in breite Spalten, Aubergine und Zucchino schräg in Scheiben schneiden.

3 Gemüsestücke und Kartoffelscheiben dünn mit restlichem Öl bestreichen. Nacheinander auf dem heißen Grill oder in der Grillpfanne grillen, bis die Scheiben leicht gebräunt sind. Das gegrillte Gemüse mit der Marinade beträufeln, 30 Min. ziehen lassen.

4 Das Gemüse auf Tellern anrichten. Mit Meersalz und grob gemahlenem Pfeffer bestreuen, mit Petersilie garniert servieren.

Herbstsalat

fruchtig-herb
Zubereitung: ca. 30 Min. | *Pro Portion ca. 450 kcal*

Für 4 Personen

2 Scheiben Roggenmischbrot | 12 Zwetschgen
120 g Gorgonzola | 7 EL Rapsöl
2 EL Marsala (ersatzweise Traubensaft)
1 EL Honig | 3 EL Sherryessig
1 TL körniger Senf | Salz | Pfeffer
30 g Butter | 250 g gemischte kräftige Blattsalate (z. B. Endiviensalat, Rucola, Radicchio, Mizuna) | 1 Knoblauchzehe

1 Ofen auf 200° (Umluft 180°) vorheizen. Brot entrinden und würfeln. Zwetschgen waschen, halbieren und entsteinen. Den Gorgonzola in 24 Würfel schneiden.

2 In einer Pfanne 2 EL Öl erhitzen, Zwetschgen darin rundum bei mittlerer Hitze je 1–2 Min. anbraten. Mit Marsala ablöschen. Zwetschgen herausnehmen, mit der Schnittfläche nach oben auf ein mit Backpapier belegtes Blech legen. Bratensatz mit Honig und Essig ablöschen, abgießen, Senf unterrühren, das restliche Öl unterschlagen. Salzen und pfeffern.

3 Pfanne säubern, Butter darin erhitzen, Brot bei schwacher Hitze in ca. 8 Min. goldbraun braten. Zwetschgen mit Gorgonzola belegen, im heißen Ofen (Mitte) 6–7 Min. überbacken. Salat waschen, trocken schleudern, mundgerecht zerzupfen. Knoblauch schälen, zu den Croûtons pressen, diese auf Küchenpapier abtropfen lassen. Salat und Dressing mischen, mit Zwetschgen und Croûtons anrichten.

vorne: Grillgemüse-Salat | hinten: Herbstsalat

Quinoasalat
mit Radicchio

kräftiger Aromen-Mix | *Zubereitung: ca. 40 Min.* | *Pro Portion ca. 330 kcal*

Für 4 Personen

200 g Quinoa
500 ml Gemüsebrühe
3 Tomaten
1 Knoblauchzehe
1 Bund gemischte Kräuter (z. B. Basilikum, Petersilie, Schnittlauch)
150 g Ziegengouda
3 EL frisch gepresster Limettensaft
4 EL Öl (z. B. Rapsöl)
Salz | Pfeffer
1 kleiner Radicchio
1 TL Honig
3–4 EL Aceto balsamico

1 Den Quinoa in einem Topf mit der Brühe aufkochen, bei mittlerer Hitze 15–20 Min. offen kochen, in ein Sieb gießen, abtropfen und abkühlen lassen.

2 Die Tomaten waschen, halbieren, entkernen, dabei die Stielansätze entfernen und das Fruchtfleisch in schmale Spalten schneiden. Den Knoblauch schälen und fein würfeln. Die Kräuter waschen, trocken schütteln, die Blätter abzupfen und in Streifen, Schnittlauch in Röllchen schneiden. Den Ziegengouda entrinden und würfeln.

3 Den Limettensaft, 2 EL Öl und die Knoblauchwürfel verrühren, mit dem abgekühlten Quinoa mischen und mit Salz und Pfeffer abschmecken. Tomaten, Ziegenkäse und Kräuter untermischen.

4 Den Radicchio waschen, trocken schütteln und in ca. 1/2 cm breite Streifen schneiden. Das restliche Öl in einer großen Pfanne erhitzen und den Radicchio darin bei starker Hitze 1–2 Min. anbraten. Den Honig dazugeben und mit dem Aceto balsamico ablöschen. Mit Salz und Pfeffer würzen. Den Quinoasalat auf vier Teller verteilen und den Radicchio darauf anrichten.

Gut zu wissen

Quinoa fristet immer noch ein Schattendasein, obwohl er geschmacklich Couscous, Bulgur & Co. deutlich übertrifft. In Bio-Märkten, Reformhäusern oder gut sortierten Supermärkten ist Quinoa aber immer häufiger erhältlich.

Und dazu?

Wenn Sie Ihre Gäste überraschen wollen, servieren Sie zu diesem Salat das knusprige sardische Fladenbrot **»Pane carasau«**. Es ist in italienischen Lebensmittelläden auch hierzulande erhältlich. Dünnes **Pita-Brot** schmeckt jedoch auch sehr gut zu diesem Salat. Mit dem sardischen Rotwein **Cannonau** dazu wird der mediterrane Genuss perfekt.

Salattasche mit Avocado-Dip

leichtes Sommergericht | *Zubereitung: ca. 30 Min.* | *Pro Portion ca. 315 kcal*

Für 4 Personen

1/4 Zwiebel
1 Knoblauchzehe
100 g Schafkäse (Feta)
1 reife Avocado
2 EL frisch gepresster Zitronensaft
Pfeffer | Salz
1 gelbe Paprikaschote
1/2 Salatgurke
10 Kirschtomaten
1/4 Eissalat
1 türkisches Fladenbrot (ca. 30 cm Ø)
16 schwarze Oliven (ohne Stein)
2 EL Petersilienblätter und 1 TL Pul biber oder Chilipulver (nach Belieben)

1 Für den Dip die Zwiebel und den Knoblauch schälen und fein würfeln. Den Feta zerbröckeln. Die Avocado schälen, halbieren, Stein entfernen und das Fruchtfleisch würfeln. Alles mit dem Zitronensaft fein pürieren und mit Pfeffer und nach Belieben etwas Salz abschmecken.

2 Den Backofen auf 200° (Umluft 180°) vorheizen. Paprikaschote halbieren, putzen, waschen und in schmale Streifen schneiden. Die Gurke waschen, längs halbieren und in schmale Scheiben schneiden. Tomaten waschen und vierteln. Den Eissalat zerpflücken, waschen, trocken schleudern und in Streifen schneiden.

3 Fladenbrot im heißen Ofen (Mitte) 6–8 Min. aufbacken. Das Brot vierteln. Zum Rand hin ein-, aber nicht durchschneiden. Leicht aufklappen, auf beiden Seiten mit dem Avocado-Dip bestreichen. Salatstreifen, Paprika, Gurke, Tomaten und Oliven hineingeben und zusammenklappen. Nach Belieben mit Petersilie garnieren und mit Pul biber oder Chilipulver schärfen.

Bauernsalat mit Feta und Melone

fruchtig-frische Klassiker-Variante | *Zubereitung: ca. 20 Min.* | *Pro Portion ca. 330 kcal*

Für 4 Personen

1 rote Paprikaschote
2 kleine rote Zwiebeln
12 Kirschtomaten
350 g Wassermelone
1 kleiner Kopfsalat
1–2 Stängel Minze
200 g Schafkäse (Feta)
4 EL Kräuteressig
1 EL Honig
6 EL Olivenöl
Salz | Pfeffer

1 Die Paprikaschote halbieren, putzen, waschen und in feine Streifen schneiden. Zwiebeln schälen und in dünne Ringe schneiden. Tomaten waschen und halbieren. Das Melonenfruchtfleisch aus der Schale schneiden, in ca. 1 cm dicke Scheiben schneiden und sichtbare Kerne entfernen.

2 Den Kopfsalat zerpflücken, waschen, trocken schleudern und in mundgerechte Stücke zupfen. Die Minze waschen, trocken schütteln und die Blätter abzupfen. Den Feta in Scheiben schneiden.

3 Für das Dressing Essig und Honig verrühren, das Öl nach und nach unterschlagen. Mit Salz und Pfeffer abschmecken. Paprika, Tomaten, Kopfsalat und das Dressing mischen, mit den anderen Zutaten auf vier Tellern anrichten.

Clever servieren

Mit etwas frisch aufgebackenem **Fladenbrot** dazu werden Sie garantiert richtig satt.

Türkische Salatplatte mit Cacik

kulinarischer Orient-Express | *Zubereitung: ca. 50 Min.* | *Pro Portion ca. 585 kcal*

Für 4 Personen

Für das Cacik:

1/2 Salatgurke | Salz
2 Knoblauchzehen
300 g Sahnejoghurt
2 EL frisch gepresster Zitronensaft
2 EL Olivenöl
1 TL getrockneter Dill
weißer Pfeffer

Für den Bohnensalat:

400 g weiße Bohnen (aus der Dose) | 1 rote Zwiebel
3 Stängel Petersilie
2 EL frisch gepresster Zitronensaft
5 EL Olivenöl
2 TL edelsüßes Paprikapulver
Salz | Pfeffer | Zucker

Für den Gurken-Tomaten-Salat:

4 Tomaten | 1 Salatgurke
1 Bund Koriander
1/2 rote Zwiebel
2 EL Rotweinessig
4 EL Olivenöl
Salz | Pfeffer

Außerdem:

1/2 kleiner Eissalat
1 türkisches Fladenbrot

1 Für das Cacik die Gurke schälen, längs halbieren, entkernen und mit der Gemüsereibe grob raspeln. Mit 1/2 TL Salz mischen und in einem Sieb abtropfen lassen. Den Knoblauch schälen. Joghurt mit Zitronensaft, Olivenöl und Dill verrühren, den Knoblauch dazupressen und unterrühren.

2 Für den Bohnensalat die Bohnen in ein Sieb abgießen, kalt abbrausen und abtropfen lassen. Zwiebel schälen, halbieren und in schmale Spalten schneiden. Die Petersilie waschen, trocken schütteln, die Blätter abzupfen und fein hacken. Zitronensaft, Öl und Paprikapulver verrühren. Die Bohnen, Petersilie und Zwiebelspalten dazugeben. Den Salat mit Salz, Pfeffer und Zucker würzen.

3 Für den Gurken-Tomaten-Salat die Tomaten und die Gurke waschen. Die Tomaten halbieren, entkernen, die Stielansätze entfernen und das Fruchtfleisch würfeln. Die Gurke längs halbieren, entkernen, nochmals längs halbieren und in dünne Scheiben schneiden. Den Koriander waschen, trocken schütteln, die Blätter abzupfen und fein hacken. Die Zwiebel schälen und fein würfeln. Essig und Öl verrühren, Gurke, Tomaten, Koriander und Zwiebel dazugeben, gründlich mischen, salzen und pfeffern.

4 Backofen auf 200° (Umluft 180°) vorheizen. Den Eissalat zerpflücken, waschen, trocken schleudern und in Streifen schneiden. Das Fladenbrot im heißen Ofen (Mitte) 6–8 Min. aufbacken. Für das Cacik die Gurke ausdrücken und unter den Kräuterjoghurt rühren. Mit Salz und Pfeffer würzen. Beide Salate nochmals abschmecken.

5 Den Eissalat auf vier Teller verteilen, die Salate darauf anrichten. Das Cacik in Schälchen dazustellen. Das Fladenbrot in Scheiben schneiden, dazulegen und alles servieren.

Mie-Nudelsalat mit Spargel

kleine Asienrundreise | *Zubereitung: ca. 35 Min.* | *Pro Portion ca. 490 kcal*

Für 4–6 Personen

300 g Mie-Nudeln
Salz | 2 Eier
2 EL gehackter Koriander
1 EL Sojasauce
100 ml Erdnussöl
150 g Sojabohnensprossen
200 g dünner grüner Spargel (z. B. Thai-Spargel)
1–3 EL frisch gepresster Zitronensaft
100 ml Kokosmilch
1 EL gelbe Currypaste
2 EL Cashewnusskerne
2–3 EL Hoisinsauce

1 Nudeln in reichlich kochendem Salzwasser nach Packungsangabe bissfest garen. In ein Sieb gießen, kalt abschrecken, gut abtropfen lassen. Eier, Koriander und Sojasauce verquirlen und mit Salz würzen. 2 TL Öl in einer Pfanne erhitzen und darin bei mittlerer Hitze nacheinander aus der Eimasse zwei dünne Omeletts backen. Die Omeletts aufrollen, in schmale Streifen schneiden. 400 ml Wasser aufkochen. Die Sprossen hineingeben, 15 Sek. ziehen lassen, in ein Sieb gießen, kalt abschrecken und abtropfen lassen.

2 Spargel waschen, putzen. In einer Pfanne 1 EL Öl erhitzen, Spargel darin 3–4 Min. anbraten. Mit Salz und Zitronensaft würzen, herausnehmen. Restliches Öl erhitzen, Nudeln bei starker Hitze in 3–4 Min. knusprig braten, auf Küchenpapier abtropfen lassen. Kokosmilch und Currypaste in die Pfanne geben, aufkochen, glatt rühren, mit Nudeln und Sprossen mischen. Mit Zitronensaft und Salz würzen. Salat auf Teller verteilen, Spargel, Omelettstreifen und Cashewnüsse darauf anrichten, mit Hoisinsauce beträufeln. Warm servieren.

Asia-Gemüse-Salat mit Thai-Pesto

feine Fusionsküche | *Zubereitung: ca. 30 Min.* | *Pro Portion ca. 375 kcal*

Für 4 Personen

1 Bio-Limette
30 g frischer Ingwer
50 g Thai-Basilikum
1 Bund Koriander
1 EL Sesamsamen
ca. 3 TL brauner Zucker
100 ml neutrales Sesamöl
Salz
2 EL frisch geriebener Parmesan
150 g Zuckerschoten
1 Zucchino (ca. 300 g)
1 rote Paprikaschote
1 Möhre
2 kleine Pak Choi
2 EL Erdnussöl

1 Für das Pesto die Limette heiß abwaschen, trocken reiben, die Schale abreiben, den Saft auspressen. Ingwer schälen und fein würfeln. Die Kräuter waschen, trocken schütteln, Blätter abzupfen. Kräuter, Ingwer, Limettenschale, Sesam, 1 TL Zucker und Sesamöl fein pürieren, mit Limettensaft und Salz würzen und den Parmesan unterrühren.

2 Das Gemüse waschen, putzen bzw. schälen. Zuckerschoten schräg in Rauten, den Zucchino in Stifte, Paprika und Möhre in schmale Streifen schneiden. Die Pak-Choi-Blätter ebenfalls in Streifen schneiden.

3 Öl in einem Wok erhitzen. Zucchino, Paprika und Möhre darin bei starker Hitze 3–4 Min. pfannenrühren, restlichen braunen Zucker, 2 EL Pesto, Zuckerschoten und Pak Choi hinzufügen und weitere 1–2 Min. garen. Den Salat mit Salz und Limettensaft würzen, auf vier Tellern anrichten, mit dem Pesto beträufeln und warm servieren.

Party und Büfett – ein geselliger Genuss!

Egal, ob klassisch oder ausgefallen, bei diesen Salaten für viele werden Ihre Gäste garantiert ins Schwärmen geraten!

Für 8 Personen

300 g Himbeeren
400 g Ziegenfrischkäse
2 TL Honig
1 TL gemahlener, getrockneter Rosmarin
Salz | Pfeffer
9 Scheiben Pumpernickel
300 g Rucola
2 EL Olivenöl
Crema di Balsamico

Pumpernickelsalat mit Himbeeren

toll kombiniert | *im Bild links*
Zubereitung: ca. 20 Min. | *Pro Portion ca. 230 kcal*

1 Himbeeren waschen und abtropfen lassen. Ziegenfrischkäse mit acht Himbeeren, Honig und Rosmarin zerdrücken, salzen und pfeffern. 6 Scheiben Pumpernickel mit der Frischkäsemischung bestreichen. Je 2 davon aufeinandersetzen und mit je 1 unbestrichenen Scheibe abschließen. Die Brote gut zusammendrücken, vorsichtig längs halbieren und quer in dünne Scheiben schneiden.

2 Rucola verlesen, waschen, trocken schleudern und grobe Stiele entfernen. Den Rucola in einer Schüssel mit dem Öl mischen. Auf acht Teller verteilen, das Brot und die Himbeeren darauf anrichten. Crema di Balsamico dazu reichen.

Nudelsalat
mit Kalbfleisch

macht was her | *Zubereitung: ca. 40 Min.* | *Marinieren: mind. 10 Min.* | *Pro Portion ca. 800 kcal*

Für 4 Personen

400 g Penne | Salz
je 2 rote und gelbe Paprikaschoten
500 g Kalbsschnitzel
3 Knoblauchzehen
5 EL Olivenöl
1 1/2 EL getrockneter Rosmarin
Pfeffer
120 ml trockener Weißwein
150 g Pecorino (ersatzweise Parmesan)
2 TL gekörnte Fleischbrühe
1–2 EL Weißweinessig nach Belieben

1 Die Penne nach Packungsangabe in reichlich kochendem Salzwasser bissfest garen. Die Nudeln in ein Sieb abgießen, kalt abschrecken und abtropfen lassen.

2 Den Backofen auf 250° (Umluft nicht geeignet) vorheizen. Paprikas halbieren, putzen und waschen. Mit der Hautseite nach oben auf ein Backblech legen und im heißen Ofen (Mitte) ca. 8–10 Min. backen, bis die Haut sich großflächig schwarz verfärbt hat. Herausnehmen, mit einem sauberen Geschirrtuch zugedeckt 10 Min. ruhen lassen, die Haut abziehen und das Fruchtfleisch in Streifen schneiden.

3 Inzwischen die Kalbsschnitzel in feine Streifen schneiden. Den Knoblauch schälen und fein würfeln. Die Schnitzelstreifen in drei Portionen anbraten. Dafür jeweils 1 EL Öl in einer Pfanne erhitzen, je ein Drittel des Fleischs darin von allen Seiten bei starker Hitze 1–2 Min. scharf anbraten und bei mittlerer Hitze ca. 2–3 Min. weiterbraten. Je 1 Knoblauchzehe und 1/2 TL Rosmarin dazugeben, mit Salz und Pfeffer würzen. Das Fleisch in einen tiefen Teller geben, den Bratensatz mit dem Wein ablöschen, so vom Pfannenboden lösen und in ein Schälchen geben.

4 Den Pecorino mit einem Gemüsehobel oder mit dem Sparschäler in Streifen schneiden. Nudeln, Fleisch, Paprikas, restlichen Rosmarin und drei Viertel des Pecorinos mischen.

5 Den Bratensaft mit der Brühe und dem restlichen Öl verrühren und mit dem Salat mischen. 10 Min. durchziehen lassen und mit Salz, Pfeffer und nach Belieben Weißweinessig abschmecken. In eine große Schüssel umfüllen und mit dem restlichen Pecorino bestreut servieren.

Spar-Tipp

Wenn es **etwas günstiger** sein soll, können Sie statt Kalbsschnitzel auch Schweine-, Hähnchen- oder Putenschnitzel verwenden.

Orecchiette-Salat mit Basilikum

***Italien lässt grüßen** | Zubereitung: ca. 25 Min.*
Marinieren: ca. 10 Min. | Pro Portion ca. 530 kcal

Für 4 Personen

500 g Orecchiette | Salz
3 Bund Basilikum
300 g getrocknete, in Öl eingelegte Tomaten
125 g schwarze Oliven (ohne Stein)
4 EL Weißweinessig
1 EL frisch gepresster Zitronensaft
2 TL Zucker | 5 EL Olivenöl | Pfeffer

1 Die Orecchiette nach Packungsangabe in reichlich kochendem Salzwasser bissfest garen. In ein Sieb abgießen, kalt abschrecken und abtropfen lassen.

2 Das Basilikum waschen, trocken schütteln, die Blätter abzupfen und fein hacken. Die Tomaten abtropfen lassen und in Streifen schneiden. Die Oliven quer halbieren.

3 Essig, Zitronensaft und Zucker verrühren, das Öl nach und nach unterschlagen. Mit Salz und Pfeffer abschmecken. Orecchiette, Basilikum, Tomaten und Oliven mit dem Dressing mischen und 10 Min. durchziehen lassen. Mit Salz und Pfeffer abschmecken.

Clever genießen

Der Salat lässt sich auf vielerlei Art ergänzen. Für **frisches Grün** sorgt 1 Bund klein geschnittener Rucola, für **Extra-Würze** 60 g zerbröckelter Pecorino.

Kritharáki-Salat mit Bohnen

griechisch inspiriert
Zubereitung: ca. 35 Min. | Pro Portion ca. 420 kcal

Für 8 Personen

600 g Kritharáki-Nudeln (griech. Reisnudeln; oder Risoni; griech., türk. Lebensmittelmärkte oder gut sortierter Supermarkt)
Salz | 400 g weiße Bohnen (aus der Dose)
6 Tomaten | 300 g junger Blattspinat
2 Knoblauchzehen | 2 EL Butter | Pfeffer
2–4 EL frisch gepresster Zitronensaft
150 g schwarze Oliven (ohne Stein)
3 EL Olivenöl

1 Nudeln nach Packungsangabe in kochendem Salzwasser bissfest garen, in ein Sieb gießen, kalt abschrecken und abtropfen lassen. Bohnen in ein Sieb gießen, abbrausen und abtropfen lassen. Die Tomaten waschen, halbieren, entkernen und ohne Stielansätze in Spalten schneiden.

2 Spinat verlesen, waschen, trocken schleudern, Stiele abschneiden und die Blätter in Streifen schneiden. Knoblauch schälen und fein würfeln. Butter in einer Pfanne erhitzen, den Spinat mit dem Knoblauch darin unter Rühren bei schwacher Hitze in 4–5 Min. zusammenfallen lassen. Mit Salz, Pfeffer und etwas Zitronensaft würzen.

3 Die Nudeln mit Spinat, Bohnen, Tomaten, Oliven und Öl mischen. Mit Salz, Pfeffer und Zitronensaft abschmecken.

vorne: Orecchiette-Salat mit Basilikum | hinten: Kritharáki-Salat mit Bohnen

P

Spätzle-Salat mit Speck und Pilzen

Deftiges aus dem Ländle | *Zubereitung: ca. 30 Min.* | *Ruhen: ca. 15 Min.* | *Pro Portion ca. 555 kcal*

Für 8 Personen

600 g Spätzle
(aus dem Kühlregal)
Salz | 500 g Brokkoli
1 Bio-Zitrone
2 rote Chilischoten
3 Knoblauchzehen
120 g Parmesan (am Stück)
200 g braune Champignons
8 Scheiben Frühstücksspeck
100 g Butter
Pfeffer
2 Zwiebeln
50 g Mehl
220 ml Sonnenblumenöl

1 Die Spätzle nach Packungsangabe in reichlich kochendem Salzwasser garen. Dann in ein Sieb gießen, kalt abschrecken und abtropfen lassen.

2 Den Brokkoli waschen, putzen und in kleine Röschen teilen. In kochendem Salzwasser ca. 3 Min. blanchieren, in ein Sieb gießen und kalt abschrecken. Die Zitrone heiß abwaschen, trocken reiben, die Schale abreiben und den Saft auspressen. Die Chilischoten waschen, entkernen und fein würfeln, den Knoblauch schälen und fein würfeln. Den Parmesan mit dem Gemüsehobel in grobe Späne schneiden.

3 Backofen auf 200° (Umluft 180°) vorheizen. Pilze putzen, trocken abreiben und halbieren. Die Speckscheiben auf ein mit Backpapier ausgelegtes Blech legen und im heißen Ofen (Mitte) in 10–15 Min. knusprig backen.

4 Je 40 g Butter mit je der Hälfte der Zitronenschale, des Knoblauchs und der Chilis in zwei Pfannen erhitzen. Die Spätzle und den Brokkoli darin schwenken, den Parmesan unterrühren, mit Salz, Pfeffer und Zitronensaft abschmecken. Auf acht tiefe Teller oder Schüsselchen verteilen.

5 Die Zwiebeln schälen und in Ringe schneiden. Diese in Mehl wenden. 200 ml Öl in einer Pfanne erhitzen und die Zwiebelringe darin bei starker Hitze in 5–7 Min. goldbraun ausbacken.

6 In der zweiten Pfanne das restliche Öl und die restliche Butter erhitzen, die Pilze darin bei starker Hitze 6–8 Min. anbraten, mit Salz und Pfeffer würzen. Die Zwiebeln auf Küchenpapier abtropfen lassen und mit dem Speck und den Pilzen auf dem Salat anrichten. Noch lauwarm servieren.

Kartoffelsalat mit Würstchen

Kinderliebling | *Zubereitung: ca. 50 Min.* | *Pro Portion ca. 635 kcal*

Für 4 Personen

1,5 kg festkochende Kartoffeln
Salz | 1 große Zwiebel
3 Knoblauchzehen
450 ml Fleischbrühe
1 EL scharfer Senf
80 ml Kräuteressig
2 EL Rapsöl
6 Wiener Würstchen
1 Salatgurke
Pfeffer
1 EL Schnittlauchröllchen (nach Belieben)

Clever variieren

Der Salat schmeckt auch mit **geräucherter Putenbrust, Fleischwurst** oder **gekochtem Schinken.**

1 Die Kartoffeln waschen und ungeschält in einem Topf mit Salzwasser zugedeckt in 25–30 Min. bei mittlerer Hitze gar kochen. Die Kartoffeln abgießen, kurz abkühlen lassen, noch warm pellen und in Scheiben schneiden.

2 Zwiebel und Knoblauchzehen schälen, Zwiebel fein würfeln, Knoblauch halbieren. Die Fleischbrühe mit Zwiebelwürfeln und Knoblauch erhitzen, vom Herd nehmen und 5–10 Min. ziehen lassen. Den Knoblauch entfernen und die Brühe mit Senf und Essig verrühren. Nach und nach unter Rühren zu den Kartoffeln gießen. Dann das Öl untermischen.

3 Würstchen ca. 5 Min. in heißem Wasser ziehen lassen, dann schräg in Scheiben schneiden. Die Gurke waschen, längs halbieren und in schmale Scheiben schneiden. Beides unter den Salat mischen, mit Salz und Pfeffer abschmecken und nach Belieben mit Schnittlauch garniert servieren.

Blauer Kartoffelsalat

blaues Wunder | *Zubereitung: ca. 50 Min.* | *Marinieren: mind. 1 Std.* | *Pro Portion ca. 335 kcal*

Für 8 Personen

1,6 kg blaue Kartoffeln (ersatzweise festkochende Kartoffeln)
Salz | 3 Knoblauchzehen
400 ml Fleischbrühe
2 TL getrockneter Rosmarin
6 EL Kräuteressig
4 EL Walnussöl
1 Bund Frühlingszwiebeln
250 g Kirschtomaten
200 g Walnusskerne

Clever veredeln

Alle, die es etwas edler mögen, fügen dem Kartoffelsalat noch **1–2 EL Trüffelöl** hinzu.

1 Die Kartoffeln waschen und ungeschält in einem Topf mit Salzwasser zugedeckt in ca. 20 Min. bei mittlerer Hitze gar kochen. Die Kartoffeln abgießen, kurz abkühlen lassen, noch warm pellen und in Scheiben schneiden.

2 Den Knoblauch schälen und fein würfeln. Die Brühe in einen Topf geben, erhitzen, Knoblauch, Rosmarin, Essig und Öl hineingeben und 5 Min. bei schwacher Hitze ziehen lassen. Die Marinade nach und nach mit den Kartoffeln mischen. Zugedeckt mindestens 1 Std. ziehen lassen.

3 Die Frühlingszwiebeln putzen, waschen und in Ringe schneiden. Die Tomaten waschen und halbieren. Die Walnusskerne grob hacken. Das Weiße der Frühlingszwiebeln, die Hälfte der Walnüsse und die Tomaten unter den Salat mischen. Den Salat nochmals abschmecken. In eine große Schüssel umfüllen und mit den restlichen Frühlingszwiebelringen und Walnüssen garniert servieren.

Amaranth-Salat nach Taboulé-Art

glutenfrei | *Zubereitung: ca. 1 Std.*
Marinieren: mind. 20 Min. | *Pro Portion ca. 340 kcal*

Für 4 Personen

300 g Amaranth | Salz | 2 Bund Petersilie
1 Bund Minze | 1 Chicorée | 2 Schalotten
4 EL frisch gepresster Zitronensaft | 2 TL brauner Zucker | 4 EL Olivenöl | 2 Knoblauchzehen
Pfeffer | 1 Salatgurke | 250 g Kirschtomaten

1 Den Amaranth in 900 ml kochendem Salzwasser bei schwacher Hitze zugedeckt ca. 30 Min. garen und abkühlen lassen.

2 Kräuter waschen, trocken schütteln, die Blätter abzupfen und fein hacken. Den Chicorée zerpflücken, waschen, trocken schleudern und in feine Streifen schneiden. Die Schalotten schälen und fein würfeln.

3 Zitronensaft, braunen Zucker und Öl verrühren. Den Knoblauch schälen und dazupressen. Amaranth, Kräuter, Chicorée und Schalotten mit dem Dressing mischen, mit Salz und Pfeffer abschmecken. Mindestens 20 Min. durchziehen lassen.

4 Gurke schälen und würfeln. Tomaten waschen und halbieren. Beides unter den Salat mischen, nochmals abschmecken, servieren.

Clever variieren

Dieser Salat kann auch mit **Bulgur, Couscous** oder **Hirse** zubereitet werden, achten Sie jedoch auf die unterschiedlichen Garzeiten der Getreide.

Couscous-Salat mit Spargel

minzfrisch
Zubereitung: ca. 35 Min. | *Pro Portion ca. 415 kcal*

Für 8 Personen

300 ml Gemüsebrühe | 250 g Instant-Couscous
10 Stangen weißer Spargel | 1–2 EL Zucker
Salz | 2 grüne Chilischoten | 1 Bund Minze
150 ml Olivenöl | Pfeffer | 2–3 EL frisch gepresster Limettensaft | 250 g alter Pecorino

1 Die Brühe in einem Topf aufkochen. Den Couscous einstreuen, den Deckel auflegen und den Topf von der Herdplatte nehmen.

2 Den Spargel schälen und putzen. 2 l Wasser mit 1 EL Zucker und etwas Salz aufkochen. Den Spargel darin je nach Dicke 10–12 Min. zugedeckt bei mittlerer Hitze garen, sodass er noch bissfest ist. In ein Sieb gießen und kalt abschrecken.

3 Chilis waschen, entkernen und fein würfeln. Minze waschen, trocken schütteln und die Blätter abzupfen. Die Hälfte der Blätter mit Chili und Olivenöl fein pürieren. Mit Salz, Pfeffer, Limettensaft und Zucker würzen. Den Couscous auflockern.

4 Spargel in mundgerechte Stücke schneiden, die restlichen Minzeblätter in feine Streifen schneiden, Pecorino zerbröckeln. Spargel, Couscous, Minze und Pecorino mischen. Mit der Hälfte des Dressings vermengen und den Rest dazu servieren.

vorne: Couscous-Salat mit Spargel | hinten: Amaranth-Salat nach Taboulé-Art

Reissalat mit Ananas und Putenbrust

Klassiker mit Safranwürze | *Zubereitung: ca. 45 Min.* | *Pro Portion ca. 235 kcal*

Für 8 Personen

200 g Langkornreis (parboiled)
600–650 ml Hühnerbrühe
1 Döschen Safranfäden (0,1 g)
1 EL Butter
400 g Putenschnitzel
10 Blätter Salbei
2 EL Erdnussöl
2 Knoblauchzehen
2 TL Dijon-Senf | Salz | Pfeffer
100 g Zuckerschoten
1/2 kleine Ananas (ca. 350 g)
1–2 Bund Basilikum
1 rote Paprikaschote
1–2 EL frisch gepresster Zitronensaft

Clever variieren

Nach Belieben können Sie für diesen Salat auch **Basmati-Reis** oder eine **Wildreismischung** verwenden. Beachten Sie die Packungsangabe, da sich Garzeit und Flüssigkeitsmenge unterscheiden.

Spar-Tipp

Der Salat schmeckt auch mit **Erbsen** statt Zuckerschoten. Dafür 100 g TK-Erbsen 6–8 Min. in kochendem Wasser blanchieren, kalt abschrecken und unter den Salat mischen.

1 Den Reis in 600 ml Brühe mit dem Safran zugedeckt in ca. 16–18 Min. bei mittlerer Hitze gar kochen. Die Butter dazugeben, den Reis mit einer Gabel etwas auflockern und abkühlen lassen.

2 Inzwischen die Putenschnitzel waschen, Fett und Sehnen wegschneiden und das Fleisch in mundgerechte Stücke schneiden. Die Salbeiblätter waschen, trocken schütteln und fein hacken.

3 Das Öl in einer Pfanne erhitzen, das Fleisch darin in zwei Portionen bei starker Hitze je 3–4 Min. scharf anbraten. Je 1 Knoblauchzehe schälen, dazupressen, kurz mitbraten. Je 1 TL Senf und die Hälfte des Salbeis dazugeben und das Fleisch mit Salz und Pfeffer würzen.

4 Die Zuckerschoten putzen, waschen und in kochendem Salzwasser 2–3 Min. blanchieren. In ein Sieb abgießen, eiskalt abschrecken und abtropfen lassen. Anschließend schräg in Stücke schneiden.

5 Die Ananas schälen, den harten Strunk entfernen und das Fruchtfleisch würfeln. Das Basilikum waschen und trocken schütteln, die Blätter abzupfen. Die Paprikaschote halbieren, putzen, waschen und fein würfeln. Die Putenbrust mit den Händen in kleine Stücke zupfen.

6 Reis, Putenbrust, Ananas, Paprika, Basilikum und Zuckerschoten mischen. Falls die Mischung zu trocken ist, noch 50 ml Brühe hinzufügen. Mit Salz, Pfeffer und Zitronensaft abschmecken und servieren.

Schwarzer Linsensalat mit Paprika

reizvoller Farb-Mix | *Zubereitung: ca. 45 Min.*
Marinieren: ca. 10 Min. | *Pro Portion ca. 240 kcal*

Für 8 Personen

300 g Beluga-Linsen (ersatzweise Berglinsen)
2 TL gekörnte Gemüsebrühe | Salz
je 1 rote und gelbe Paprikaschote | 1 Salatgurke
200 g Schafkäse (Feta) | 4 EL Balsamico bianco
4 TL Dijon-Senf | 4 EL Distelöl
1 Knoblauchzehe | 1 TL edelsüßes Paprikapulver | Pfeffer | 1 Bund Kerbel

1 Linsen in einem Topf mit Wasser bedeckt zugedeckt bei mittlerer Hitze 20–25 Min. garen. Nach ca. 10 Min. die Gemüsebrühe und 1 TL Salz hinzufügen. Die Paprikas halbieren, putzen, waschen, fein würfeln. Gurke waschen, so schälen, dass rundherum einige Schalenstreifen stehen bleiben, dann in Scheiben schneiden, Feta würfeln. Die fertigen Linsen in ein Sieb gießen, kalt abbrausen und gründlich abtropfen lassen. Mit Paprikas, Gurke und Feta mischen.

2 Für das Dressing Essig und Senf verrühren und das Öl unterschlagen. Den Knoblauch schälen und dazupressen, Paprikapulver hinzufügen, kräftig salzen und pfeffern. Mit den Linsen mischen und 10 Min. durchziehen lassen. Kerbel waschen, trocken schütteln und fein hacken. Den Linsensalat nochmals abschmecken und den Kerbel untermischen. Den Salat in einer großen Schüssel servieren.

Grünkern-Birnen-Salat

herbstliches Highlight | *Einweichen: mind. 8 Std.*
Zubereitung: ca. 30 Min. | *Pro Portion ca. 335 kcal*

Für 8 Personen

400 g Grünkern | 100 ml trockener Weißwein (ersatzweise Hühnerbrühe)
300 ml Gemüsebrühe | 2 kleine Fenchelknollen
2 EL Butter | 200 g grüne Weintrauben
4 Frühlingszwiebeln | 2 Birnen (z. B. Packham)
200 g gekochter Schinken (am Stück)
120 g Parmesan (am Stück) | Salz | Pfeffer

1 Grünkern über Nacht einweichen. In ein Sieb abgießen, mit Wein und Brühe in einen Topf geben und in ca. 25 Min. bei mittlerer Hitze zugedeckt gar kochen.

2 Den Fenchel putzen, waschen und fein würfeln. Die Butter in einer Pfanne erhitzen und den Fenchel darin in 4–5 Min. bei mittlerer Hitze weich dünsten. Trauben waschen und von den Stielen zupfen. Frühlingszwiebeln putzen, waschen und in feine Ringe schneiden. Die Birnen schälen, halbieren, die Kerngehäuse entfernen und das Fruchtfleisch würfeln. Schinken würfeln, Parmesan mit dem Gemüsehobel in grobe Späne schneiden.

3 Den abgekühlten Grünkern mit Schinken, Fenchel, Frühlingszwiebeln, Weintrauben und Birnen mischen, salzen und pfeffern. In Schälchen anrichten und mit Parmesan bestreut servieren.

vorne: Grünkern-Birnen-Salat | hinten: Schwarzer Linsensalat mit Paprika

Gemüsetatar mit Kaviar

***feines Fingerfood** | Zubereitung: ca. 25 Min. | Pro Portion ca. 155 kcal*

Für 4 Personen

4 Radieschen
1 Frühlingszwiebel
100 g Salatgurke
1 Tomate
1 Möhre
1 EL Balsamico bianco
1 TL Dijon-Senf
2 EL leichte Salatmayonnaise
Salz | Pfeffer
1 Bund Schnittlauch
32 Salz-Cracker
50 g Forellenkaviar
1 Beet Kresse

1 Die Radieschen und die Frühlingszwiebel putzen und waschen. Gurke und Tomate waschen, die Tomate halbieren, entkernen und den Stielansatz entfernen, die Gurke längs halbieren und entkernen. Die Möhre schälen. Alles so fein wie möglich würfeln.

2 Für das Dressing Essig, Senf und Mayonnaise verrühren, mit dem Gemüse mischen und mit Salz und Pfeffer würzen. Den Schnittlauch waschen, trocken schütteln und in feine Röllchen schneiden.

3 Das Gemüsetatar auf die Cracker verteilen und je 1 TL Kaviar auf die Hälfte der Cracker geben. Alle Cracker mit Schnittlauch oder Kresse garnieren und servieren.

Clever variieren

Passend zum Kaviar können Sie einige Cracker auch mit geräucherten Forellenfiletstücken belegen.

Selleriesalat in Chicorée-Schiffchen

Klassiker im neuen Gewand | *Zubereitung: ca. 1 Std.* | *Marinieren: ca. 40 Min.* | *Pro Portion ca. 190 kcal*

Für 8 Personen

400 g Knollensellerie
5 EL Apfelessig
2 säuerliche Äpfel (z. B. Boskop)
100 g junger Gouda
1 Bund Schnittlauch
100 g Salatmayonnaise
60 g Joghurt
1 EL frisch gepresster Zitronensaft
1 TL mittelscharfer Senf
1 TL Honig
Salz | Pfeffer
1–2 Stauden Chicorée
2 EL gehobelte Haselnüsse

1 Sellerie waschen, putzen, in kochendem Wasser ca. 45 Min. zugedeckt bei schwacher Hitze garen. Dann kalt abschrecken und etwas abkühlen lassen, schälen, in sehr feine Streifen schneiden. Mit Essig mischen, 30 Min. durchziehen lassen.

2 Äpfel waschen, 1 Apfel schälen, halbieren, das Kerngehäuse entfernen, das Fruchtfleisch fein würfeln. Käse entrinden, fein würfeln. Schnittlauch waschen, trocken schütteln und in feine Röllchen schneiden. Für das Dressing Mayonnaise, Joghurt, Zitronensaft, Senf und Honig verrühren, salzen und pfeffern. Mit Apfel, Käse, Schnittlauch und Sellerie mischen, nochmals 10 Min. durchziehen lassen.

3 Chicoréestauden zerpflücken, waschen, trocken schleudern. Zwei Blätter in feine Streifen schneiden, unter den Selleriesalat mischen. Den Salat nochmals abschmecken, auf die restlichen Chicoréeblätter verteilen. Restlichen Apfel vierteln und ohne Kerngehäuse in schmale Spalten schneiden. Den Salat damit garnieren, Nüsse darüberstreuen und servieren.

Bunte Rohkostplatte

frisch und knackig aufs Büfett | *Zubereitung: ca. 45 Min.* | *Pro Portion ca. 270 kcal*

Für 8 Personen

Für den Möhrensalat:

900 g Möhren | 30 g Sonnenblumenkerne | 1 Apfel
1 TL Dijon-Senf | 1 EL Honig
100 ml frisch gepresster Orangensaft | 4 EL frisch gepresster Zitronensaft
4 EL Rapsöl | Salz | Pfeffer

Für den Zucchinisalat:

900 g Zucchini | 3 Tomaten
3 EL Weißweinessig | 1 EL Honig | 2 TL getrockneter Dill
2 EL Walnussöl
1 Knoblauchzehe
Salz | Pfeffer
2 EL Kapern (aus dem Glas)

Für den Kohlrabisalat:

900 g Kohlrabi | 1 rote Paprikaschote | 2 EL Kürbiskerne
3 EL Weißweinessig
1 TL Dijon-Senf
2 TL Sahnemeerrettich (aus dem Glas) | 1 EL Honig
4 EL Rapsöl | Salz | Pfeffer

Außerdem:

4 Tomaten | 2 Zitronen
1/2 Salatgurke | 1 Friséesalat

1 Für den Möhrensalat die Möhren schälen und mit der Gemüsereibe grob raspeln. Die Sonnenblumenkerne in einer Pfanne ohne Fett anrösten, bis sie leicht gebräunt sind. Den Apfel waschen, halbieren, das Kerngehäuse entfernen und das Fruchtfleisch fein würfeln. Senf, Honig, Orangen- und Zitronensaft verrühren und das Öl unterschlagen. Mit Salz und Pfeffer würzen und alles gut mischen.

2 Für den Zucchinisalat Zucchini waschen, putzen und mit der Gemüsereibe fein raspeln. Tomaten waschen, halbieren, entkernen, dabei die Stielansätze entfernen und das Fruchtfleisch fein würfeln. Essig, Honig, Dill und Öl verrühren, Knoblauch schälen und dazupressen, salzen und pfeffern. Zucchini, Tomaten, Kapern und Dressing gut mischen.

3 Für den Kohlrabisalat Kohlrabi schälen und holzige Stellen wegschneiden. Mit der Gemüsereibe raspeln. Die Paprikaschote halbieren, putzen, waschen und fein würfeln. Die Kürbiskerne in einer Pfanne ohne Fett rösten, bis sie leicht zu knacken beginnen. Essig, Senf, Sahnemeerrettich, Honig und Öl verrühren, mit Salz und Pfeffer würzen. Kohlrabi, Paprika und Kürbiskerne gut mit dem Dressing mischen.

4 Für die Garnitur die Tomaten waschen und in Spalten schneiden. Zitronen heiß abwaschen, trocken reiben und in Scheiben schneiden. Die Gurke waschen, so schälen, dass rundherum einige Schalenstreifen stehen bleiben, dann in Scheiben schneiden. Den Friséesalat zerpflücken, waschen und trocken schleudern. Die Salate nochmals mit Salz und Pfeffer abschmecken.

5 Die Salatblätter auf einer großen Servierplatte auslegen, die Salate darauf anrichten. Mit Gurken- und Zitronenscheiben sowie Tomatenspalten garnieren.

Spitzkohlsalat mit Curry-Mango

blitzschneller Krautsalat
Zubereitung: ca. 20 Min. | Pro Portion ca. 175 kcal

Für 8 Personen

4 EL frisch gepresster Zitronensaft
100 g Joghurt | 150 g Sahne | 1 1/2 EL Honig
3 TL Currypulver | Salz | Pfeffer
1 Spitzkohl (ca. 700 g) | 3 EL Erdnussöl
1 reife Mango | 1 rote Chilischote

1 Für das Dressing den Zitronensaft, Joghurt, Sahne, 1 EL Honig und 2 TL Currypulver verrühren und mit Salz und Pfeffer würzen. Den Spitzkohl waschen, putzen und in feine Streifen schneiden. In einer Schüssel mit 2 EL Öl mischen und leicht durchkneten. Das Dressing dazugeben und gründlich mischen.

2 Mango schälen, das Fruchtfleisch vom Stein schneiden und anschließend würfeln. Chili waschen, entkernen und fein würfeln. Restliches Öl in einer Pfanne erhitzen und die Mangowürfel darin rundherum bei starker Hitze 2–3 Min. anbraten. Restlichen Honig, Chili und restliches Currypulver dazugeben. Mangowürfel bei schwacher Hitze leicht karamellisieren, salzen und pfeffern. Den Salat nochmals abschmecken. Die Mangowürfel darauf anrichten.

Clever ergänzen

Geröstete Hanfsamen, Sonnenblumen- oder Kürbiskerne sind ein **crunchiges Topping** für den Salat.

Krautsalat mit Oliven

Klassiker auf griechische Art *| Zubereitung: ca. 20 Min.*
Marinieren: mind. 30 Min. | Pro Portion ca. 165 kcal

Für 8 Personen

6 EL Weißweinessig
4 EL frisch gepresster Zitronensaft
1 EL Honig | 8 EL Sonnenblumenöl
1 EL gehackte frische Dillspitzen
2 Knoblauchzehen | Salz
weißer Pfeffer | 1,2 kg Weißkohl
1 rote Paprikaschote
150 g grüne Oliven (ohne Stein)
500 g Möhren

1 Essig, Zitronensaft, Honig, Öl und Dill verrühren, den Knoblauch schälen und dazupressen, mit Salz und Pfeffer würzen.

2 Den Kohl putzen, waschen und in feine Streifen schneiden oder hobeln. In einer Schüssel mit dem Dressing mischen, mit den Händen kräftig durchkneten und mindestens 30 Min. durchziehen lassen.

3 Paprika halbieren, putzen, waschen und in feine Streifen schneiden. Die Oliven in Ringe schneiden. Möhren schälen und mit der Gemüsereibe fein raspeln. Paprika, Oliven und Möhren mit dem Kohl mischen und den Salat mit Salz und Pfeffer abschmecken.

Clever ergänzen

Dazu passt ein **Dill-Joghurt-Dip:** 300 g Joghurt, 3 EL Sonnenblumenöl und 1 EL Dillspitzen verrühren, mit Salz, Pfeffer und Zitronensaft würzen.

vorne: Krautsalat mit Oliven | hinten: Spitzkohlsalat mit Curry-Mango

Schichtsalat mit Garnelen

gut vorzubereiten | *Zubereitung: ca. 25 Min.* | *Ruhen: mind. 1 Std.* | *Pro Portion ca. 380 kcal*

Für 8 Personen

150 g Joghurt
100 g leichte Salatmayonnaise
50 g Sahne
2 TL Sahnemeerrettich (aus dem Glas)
1 TL mittelscharfer Senf
5 EL Apfelessig
1 EL Zucker
Salz | Pfeffer
4 Stangen Staudensellerie
2 rote Paprikaschoten
400 g gekochter Schinken (am Stück)
400 g Chinakohl
1 Dose Mais (425 g Inhalt)
1/2 Ananas (ca. 500 g)
200 g Bergkäse
1 Bund Schnittlauch
24 vorgegarte Garnelen (à ca. 15 g)

1 Für das Dressing Joghurt, Salatmayonnaise, Sahne, Sahnemeerrettich, Senf, Essig und Zucker verrühren und mit Salz und Pfeffer abschmecken.

2 Den Staudensellerie waschen, putzen, längs halbieren und in Scheiben schneiden. Paprikaschoten halbieren, putzen, waschen und fein würfeln. Schinken ebenfalls würfeln. Chinakohl zerpflücken, putzen, waschen, trocken schleudern und in feine Streifen schneiden. Den Mais abtropfen lassen. Die Ananas schälen, das Fruchtfleisch vom harten Strunk schneiden und würfeln. Den Käse entrinden und ebenfalls fein würfeln.

3 Den Salat in acht große Cocktailgläser oder in eine große Schüssel in folgender Reihenfolge einschichten: Chinakohl, Schinken, Mais, Paprika, Chinakohl, Sauce, Staudensellerie, Käse, Paprika, Ananas, Schinken, Mais, Sauce. Den Salat zugedeckt kühl stellen und mind. 1 Std. durchziehen lassen.

4 Schnittlauch waschen, trocken schütteln und in feine Röllchen schneiden. Salat mit Schnittlauch bestreuen und die Garnelen darauf anrichten.

Clever variieren

Der Schichtsalat schmeckt auch mit **Mango** statt Ananas und auch ganz klassisch mit **Gouda** oder **Emmentaler** statt Bergkäse. Passend zu den Garnelen können Sie den Schnittlauch auch durch **Dillspitzen, Kerbel** oder **Estragon** ersetzen.

Geflügel-Variante

Wenn Garnelen nicht so Ihr Ding sind, können Sie den Salat auch mit **gebratenen Hähnchenstreifen** garniert servieren. Dafür 300 g Hähnchenfleisch waschen, trocken tupfen und in feine Streifen schneiden. 2 EL Rapsöl in einer Pfanne erhitzen und das Fleisch darin bei starker Hitze von jeder Seite 2–3 Min. scharf anbraten. 1 Knoblauchzehe dazupressen und mit Salz, Pfeffer und Paprikapulver würzen. Abkühlen lassen und auf den fertigen Salaten anrichten.

Wurstsalat mit Gurken und Paprika

deftiger Klassiker | *Zubereitung: ca. 15 Min.*
Marinieren: mind. 25 Min. | *Pro Portion ca. 160 kcal*

Für 8 Personen

4 rote Zwiebeln | 2 Knoblauchzehen
6–8 EL Kräuteressig | 2 EL Rapsöl | 1 TL Zucker
250 g in Öl eingelegte Paprikaschoten | 200 g Cornichons (aus dem Glas) | 1,2 kg Lyoner Wurst | 1 Bund Schnittlauch | Pfeffer | Salz
10 Cornichons und 3 Tomaten (nach Belieben)

1 Zwiebeln und Knoblauch schälen, die Zwiebeln in Ringe schneiden, Knoblauch fein würfeln. Mit 6 EL Essig, Öl und Zucker verrühren und 10 Min. durchziehen lassen.

2 Die Paprika abtropfen lassen und mit den Cornichons in schmale Streifen schneiden. Die Wurst ebenfalls in schmale Streifen schneiden. Alles mit der Marinade mischen und 15 Min. durchziehen lassen.

3 Schnittlauch waschen, trocken schütteln und in feine Röllchen schneiden. Den Salat mit Pfeffer, Essig und nach Belieben Salz abschmecken. In eine große Schüssel umfüllen und mit dem Schnittlauch bestreuen. Nach Belieben mit Cornichons und Tomatenscheiben garniert servieren. Dazu passt Bauern-, Roggen- oder Vollkornbrot.

Clever variieren

Käsefans ersetzen die Paprika durch in Streifen geschnittenen Emmentaler oder Bergkäse.

Mediterraner Wurstsalat mit Artischocken

Blitzschnelles für spontane Gäste
Zubereitung: ca. 20 Min. | *Pro Portion ca. 290 kcal*

Für 8 Personen

500 g Artischockenherzen (aus der Dose)
250 g Kirschtomaten | 150 g schwarze Oliven (ohne Stein) | 2 EL Rotweinessig | 2 TL Olivenöl
2 TL getrockneter Oregano | 3 Knoblauchzehen
2 EL Kapern (aus dem Glas) | 1 Handvoll Basilikumblätter | je 16 Scheiben Salami und Mortadella | Salz | Pfeffer | 100 g Parmesan (am Stück; nach Belieben)

1 Artischocken in ein Sieb gießen, abtropfen lassen und in Scheiben schneiden. Tomaten waschen und halbieren. Oliven quer halbieren. Essig, Öl und Oregano verrühren, den Knoblauch schälen und dazupressen. Die Artischocken, Tomaten, Oliven und Kapern mit dem Dressing mischen und 10 Min. durchziehen lassen.

2 Basilikum waschen und trocken schütteln. Wurstscheiben trichterförmig zusammenrollen und auf acht Tellern anrichten. Den Salat mit Salz und Pfeffer abschmecken und auf den Wurstscheiben verteilen. Mit dem Basilikum und nach Belieben mit frisch gehobelten Parmesanspänen garnieren. Dazu passt Ciabatta oder Baguette.

Clever variieren

Für den Salat eignen sich auch **Parmaschinken** oder **gekochter Schinken** hervorragend.

vorne: Mediterraner Wurstsalat mit Artischocken | hinten: Wurstsalat mit Gurken und Paprika

Zweierlei Heringssalate

***für Matjesliebhaber** | Zubereitung: ca. 30 Min. | Marinieren: mind. 30 Min. | Pro Portion ca. 450 kcal*

Für 8 Personen

100 g gekochte Rote Bete (vakuumverpackt)
80 g Gewürzgurken (aus dem Glas)
1/2 Zwiebel
1 Apfel
6 Matjesfilets
250 g saure Sahne
200 g Joghurt
1 EL Apfelessig
1 Bund gemischte Kräuter (z. B. Dill, Estragon, Petersilie, Schnittlauch)
2 Frühlingszwiebeln
1 EL Sahnemeerrettich (aus dem Glas)
3 EL leichte Salatmayonnaise
Salz | Pfeffer
1 Lollo rosso
5 Radieschen
16 kleine Scheiben Vollkornbrot
50 g Butter

1 Für den roten Heringssalat Rote Bete und Gewürzgurken würfeln. Die Zwiebel schälen, den Apfel waschen, halbieren und das Kerngehäuse entfernen. 3 Matjesfilets, Zwiebel und Apfel ebenfalls fein würfeln.

2 Für das Dressing 100 g saure Sahne mit 100 g Joghurt und dem Essig mischen. Die vorbereiten Zutaten untermischen und 30 Min. durchziehen lassen.

3 Für den Heringssalat mit Kräutern die Kräuter waschen, trocken schütteln, die Blätter abzupfen, einige Blätter beiseitelegen, die restlichen Blätter fein hacken, Schnittlauch in Röllchen schneiden. Die Frühlingszwiebeln putzen, waschen und in feine Ringe schneiden. Restlichen Matjes würfeln.

4 Für das Dressing die restliche saure Sahne, den restlichen Joghurt, Sahnemeerrettich und Mayonnaise verrühren. Kräuter, Frühlingszwiebeln und Matjes untermischen und ebenfalls 30 Min. ziehen lassen. Beide Salate mit Salz und Pfeffer abschmecken.

5 Den Lollo rosso zerpflücken, waschen und trocken schleudern. Die Radieschen, putzen, waschen und in Scheiben oder Stifte schneiden. Die Brotscheiben dünn mit Butter bestreichen und auf eine große Platte legen. Je ein Salatblatt auf die Brotscheiben legen und je eine Sorte Heringssalat darauf anrichten. Mit den Radieschen und den restlichen Kräutern garnieren und servieren.

Hauptgericht-Variante

Die Heringssalate können auch zusammen mit **Pellkartoffeln** oder **Reibekuchen** als Hauptgericht serviert werden. Bereiten Sie dann noch etwas grünen Salat oder Gurkensalat als Beilage vor.

Clever servieren

Für eine **außergewöhnliche Optik** die Salate in hohen Gläsern schichtweise anrichten und die Schichten jeweils mit Pumpernickelbröseln trennen.

Fruchtiges zum Dessert – sinnliche Versuchung!

Es muss nicht immer Pudding oder Mousse sein – raffinierte Obstsalate haben noch viel mehr zu bieten!

Für 4 Personen

- 50 ml frisch gepresster Orangensaft
- 1 EL frisch gepresster Zitronensaft
- 1 EL Honig
- 1 Orange
- 1 säuerlicher Apfel (z. B. Boskop)
- 1 Birne
- 100 g kernlose grüne Weintrauben
- 1 Banane

Obstsalat mit Honig

fruchtig-frischer Klassiker *| im Bild links | Zubereitung: ca. 10 Min. Marinieren: ca. 15 Min. | Pro Portion ca. 160 kcal*

1 Orangensaft, Zitronensaft und Honig verrühren.

2 Von der Orange die Schale samt weißer Haut mit einem scharfen Messer abschneiden, dabei den Saft auffangen und zur Orangensaft-Honig-Mischung geben. Die Orangenfilets zwischen den Trennhäuten herausschneiden.

3 Apfel und Birne schälen, halbieren, die Kerngehäuse entfernen und das Fruchtfleisch würfeln. Die Weintrauben waschen und von den Stielen zupfen. Die Banane schälen und in Scheiben schneiden. Das Obst in der Orangensaft-Mischung ca. 15 Min. ziehen lassen und servieren.

Pfirsich-Apfel-Salat mit Krokantnüssen

für Schokofans | *Zubereitung: ca. 30 Min.*
Ruhen: ca. 30 Min. | *Pro Portion ca. 670 kcal*

Für 4 Personen

120 g Haselnusskerne | 80 g weiße Schokolade
150 g Haselnusskrokant | 1 Birne
1 Apfel | 1 EL frisch gepresster Zitronensaft
2 Pfirsiche | 2 TL Honig | 50 ml Birnensaft
1 Prise Zimtpulver | 4 Löffelbiskuits

1 Für die Krokantnüsse Haselnüsse in einer Pfanne ohne Fett rösten, bis sie anfangen, zu duften. Schokolade in einem Schälchen im heißen Wasserbad unter gelegentlichem Rühren schmelzen. Krokant auf ein mit Backpapier belegtes Blech geben. Nüsse mit der Schokolade verrühren, herausheben, und mit einer Gabel über den Krokant rollen, sodass sie ganz mit Krokant umhüllt sind. Nüsse auf einem Kuchengitter auskühlen lassen, bis die Schokolade fest geworden ist.

2 Die Birne und den Apfel schälen, halbieren, die Kerngehäuse entfernen, das Fruchtfleisch in Spalten schneiden und mit dem Zitronensaft beträufeln. Die Pfirsiche waschen, halbieren, entsteinen und ebenfalls in Spalten schneiden. Honig und Birnensaft verrühren und mit dem Zimt würzen. Das Obst darin ca. 5 Min. durchziehen lassen.

3 Löffelbiskuits in Stücke brechen, auf vier Schälchen verteilen. Obst darauf anrichten und mit den Krokantnüssen bestreuen.

Feigensalat mit Mascarponecreme

Genuss all'italiana
Zubereitung: ca. 20 Min. | *Pro Portion ca. 635 kcal*

Für 4 Personen

200 ml Sherry (medium; ersatzweise Kirschsaft)
100 g Sauerkirschkonfitüre
1 EL Aceto balsamico | Zimtpulver
250 g Mascarpone | 200 g Joghurt
80 g Zucker | 2–3 Tropfen Bittermandelaroma
Salz | 8 Cantuccini (ital. Mandelkekse)
8 große oder 12 kleine Feigen
1 EL Kakaopulver

1 Für die Sauce den Sherry, die Konfitüre und den Essig in einen Topf geben und pürieren. Aufkochen und 8–10 Min. bei schwacher Hitze offen köcheln lassen, bis die Sauce leicht angedickt ist. Mit Zimt abschmecken und etwas abkühlen lassen.

2 Für die Mascarponecreme den Mascarpone mit Joghurt und Zucker verrühren und mit 1 Prise Zimt, Bittermandelaroma und etwas Salz abschmecken.

3 Die Cantuccini zerbröseln (falls sie zu hart sind, mit einem Messer klein hacken). Die Feigen waschen und je nach Größe vierteln oder achteln.

4 Creme auf vier Gläser verteilen. Cantuccinibrösel darüberstreuen, die Feigen darauf anrichten. Mit der Sauce beträufeln und mit etwas Kakao bestäubt servieren.

links: Pfirsich-Apfel-Salat mit Krokantnüssen | rechts: Feigensalat mit Mascarponecreme

Warmer Obstsalat mit Knusperteighaube

Seelenwärmer | *Zubereitung: ca. 30 Min.* | *Backen: ca. 15 Min.* | *Pro Portion ca. 600 kcal*

Für 4 Personen

Für die Vanillesauce:

1 Vanilleschote
300 ml Milch
100 g Sahne
3 EL Puderzucker
2 Eigelb
1 TL Speisestärke

Für den Salat:

1 kg gemischtes Obst (z. B. Pfirsiche, Aprikosen, Weintrauben, Brombeeren, Feigen, Bananen)
3 EL Zucker

Außerdem:

2 große rechteckige Platten Yufkateig (ca. 80–100 g)
50 g Butter
50 g Sahne
Puderzucker

1 Die Vanilleschote längs aufschlitzen und das Mark herauskratzen. 250 ml Milch und die Sahne mit dem Vanillemark und dem Puderzucker langsam bei mittlerer Hitze aufkochen lassen. Die restliche Milch mit den Eigelben und der Speisestärke verrühren. Den Topf von der Herdplatte nehmen und die Eiermischung einrühren. Den Topf wieder auf die Herdplatte stellen und unter ständigem Rühren langsam bei schwacher Hitze wieder erhitzen, bis die Sauce leicht andickt.

2 Das Obst putzen, waschen, gegebenenfalls entsteinen und in mundgerechte Stücke schneiden. Mit dem Zucker mischen und in eine ofenfeste Form geben.

3 Den Backofen auf 200° (Umluft 180°) vorheizen. Aus dem Yufkateig vier Platten à 20 x 20 cm schneiden. Die Butter schmelzen und mit der Sahne verrühren. Die Teigplatten von jeder Seite damit einstreichen und einmal zusammenklappen, sodass Rechtecke entstehen. Auf einem mit Backpapier ausgelegten Backblech im heißen Ofen (Mitte) in 10–15 Min. goldbraun backen, dabei einmal wenden und nach 5 Min. das Obst dazustellen.

4 Auf vier Tellern einen Spiegel aus Vanillesauce verteilen. Die heißen Früchte darauf anrichten. Den Yufkateig auf jeder Seite mit Puderzucker bestäuben und auf den Salat legen.

Clever servieren

Wenn Sie ein **Lasagne-Fan** sind, bereiten Sie die doppelte Menge Teigplatten vor, aber nur in halber Größe. Beim Anrichten geben Sie auf die erste Teigplatte noch ein paar Früchte, um dann mit der zweiten Platte abzuschließen.

Himbeer-Melonen-Salat mit Limettenzucker

minzfrisch | *Zubereitung: ca. 15 Min.* | *Pro Portion ca. 175 kcal*

Für 4 Personen

2 Bio-Limetten
5 Blätter Minze
80 g Zucker
1 Cantaloupe-Melone
125 g Himbeeren
250 g Magerquark
50 ml Milch

1 Für den Limettenzucker die Limetten heiß abwaschen und trocken reiben. Die Schale abreiben, den Saft auspressen. Die Minzeblätter waschen, mit einem Küchentuch trocken tupfen und fein hacken. Die abgeriebene Limettenschale und die Minzeblätter mit dem Zucker in einem Mörser fein zermahlen, bis sich der Zucker leicht grünlich verfärbt hat.

2 Die Melone halbieren, die Kerne mit einem Löffel entfernen. Das Fruchtfleisch mit einem Kugelausstecher herauslösen oder mit einem Messer herausschneiden und 1 cm groß würfeln, dabei einen Rand an der Schale stehen lassen. Die Melonenstücke mit 2 EL Limettensaft beträufeln, mit 1–2 EL Limettenzucker abschmecken und mit den verlesenen, gewaschenen und geputzten Himbeeren in den Melonenhälften anrichten.

3 Quark und Milch glatt rühren und mit 4–5 EL Limettenzucker süßen. In vier Schälchen anrichten und nochmals mit dem restlichen Limettenzucker bestreuen. Die Quarkcreme mit dem Salat servieren.

Clever variieren

Auch **Galiamelonen** eignen sich ganz vorzüglich für diesen Salat.

Ananas-Mango-Salat mit Ingwer-Schokosahne

mit feiner Ingwernote | *Zubereitung: ca. 20 Min.* | *Pro Portion ca. 365 kcal*

Für 4 Personen

1 reife Mango
1/2 kleine Ananas (300–350 g)
1 kleine Banane
3–4 EL Honig
2 EL frisch gepresster Limettensaft
1 1/2 TL Ingwerpulver
200 g Sahne
3 EL Kakaopulver
30 g Zartbitterschokolade

1 Die Mango schälen, das Fruchtfleisch zunächst vom Stein und dann in schmale Spalten schneiden. Ananas schälen. Das Fruchtfleisch zunächst vom harten Strunk und dann in schmale Spalten schneiden. Die Banane schälen und schräg in Scheiben schneiden. Das Obst mit 1 EL Honig, dem Limettensaft und 1/2 TL Ingwerpulver verrühren.

2 Die Sahne steif schlagen. Kakaopulver, restlichen Ingwer und 2 EL Honig dazugeben und unterschlagen. Mit Honig süßlich abschmecken. Schokolade raspeln und unterrühren.

3 Aus der Schokosahne mit zwei Esslöffeln Nocken abstechen und auf vier Teller verteilen. Obstsalat daneben anrichten.

Clever variieren

Wer sich traut, kann den Salat auch einmal leicht verschärft servieren. Dafür eine Prise **Pul biber** (türkische Paprikaplättchen) oder fein gehackte **Chilischote** unterrühren. 1–2 TL fein gehackter **kandierter Ingwer** passen auch sehr gut zu diesem Obstsalat.

Erdbeer-Orangen-Margarita-Salat mit Zitronen-Minze-Eis

für heiße Sommertage | *Zubereitung: ca. 20 Min.* | *Gefrieren: mind. 6 Std.* | *Pro Portion ca. 325 kcal*

Für 4 Personen

Für das Zitroneneis:

2 Bio-Zitronen
8 Blätter Minze
100 g Sahne
50 g Puderzucker

Für die Margarita:

200 g Erdbeeren
8 cl Tequila
40 g Puderzucker
2 EL frisch gepresster Zitronensaft
2 EL frisch gepresster Orangensaft

Für den Salat:

4 Orangen
500 g Erdbeeren
4 Blätter Minze (nach Belieben)

1 Für das Zitroneneis die Zitronen heiß abwaschen und trocken reiben, die Schale abreiben und den Saft auspressen. Die Minze waschen, trocken schütteln und fein hacken. 400 ml Wasser mit der Sahne, 6 EL Zitronensaft, Zitronenschale, dem Puderzucker und der Minze in einer Metallschüssel verrühren und im Eisfach mindestens 6 Std., besser über Nacht, durchfrieren lassen.

2 Sobald das Eis fertig ist, die Margarita herstellen. Dafür die Erdbeeren waschen, putzen und halbieren. Mit Tequila, Puderzucker, Zitronen- und Orangensaft fein pürieren.

3 Für den Salat von den Orangen die Schalen samt weißer Haut mit einem scharfen Messer abschneiden. Dann die Orangenfilets zwischen den Trennhäuten herausschneiden. Die Erdbeeren waschen, putzen und halbieren.

4 Das Eis mit einer Gabel auflockern und auf vier tiefe Eisgläser verteilen. Mit der Margarita übergießen und das Obst darauf anrichten. Nach Belieben mit je 1 Minzeblättchen garniert servieren.

Clever variieren

Aus der klassischen Margarita haben sich mittlerweile eine ganze Reihe **fruchtiger Varianten** entwickelt. Auch in diesem Obstsalat kann die Margaritamischung leicht variiert werden. Ersetzen Sie die Erdbeeren beispielsweise durch die gleiche Menge Mangofruchtfleisch oder Himbeeren. Beachten Sie dann jedoch, dass eventuell weniger Zucker benötigt wird. Für alle, die es besonders exotisch mögen: Probieren Sie doch mal Guave aus.

Fruchtsalat
mit Proseccogelee

Partyknaller | *Zubereitung: ca. 30 Min.*
Ruhen: mind. 6 Std. | *Pro Portion ca. 320 kcal*

Für 4 Personen

4 Blatt weiße Gelatine | 400 ml Prosecco
120 g Zucker | 200 g Rote Johannisbeeren
300 g grüne kernlose Weintrauben
2 TL Sonnenblumenöl | 250 g Erdbeeren
1 EL Marc de Champagne
150 ml Vanillesauce (nach Belieben)

1 Am Vortag für das Proseccogelee Gelatine ca. 5 Min. in kaltem Wasser einweichen. 100 ml Prosecco erwärmen, Gelatine ausdrücken, im warmen Prosecco auflösen. Restlichen Prosecco und 100 g Zucker dazugeben, glatt rühren, beiseitestellen. Johannisbeeren und die Hälfte der Trauben waschen, abtropfen lassen und abzupfen. Vier Crème-brulée-Förmchen mit dem Öl einfetten und mit Frischhaltefolie auslegen. Das vorbereitete Obst hineingeben und mit dem Prosecco übergießen. Zugedeckt über Nacht gelieren lassen.

2 Am nächsten Tag Erdbeeren und restliche Trauben waschen. Die Erdbeeren putzen und halbieren, die Trauben abzupfen. Obst mit dem restlichen Zucker und Marc de Champagne mischen, etwa 20 Min. ziehen lassen. Proseccogelee auf vier Teller stürzen, Schälchen und Folie entfernen. Das marinierte Obst um die Gelees herum anrichten und nach Belieben mit Vanillesauce servieren.

Traubensalat
mit Grappa-Zabaione

luftig & fruchtig
Zubereitung: ca. 25 Min. | *Pro Portion ca. 270 kcal*

Für 4 Personen

Je 200 g grüne und blaue kernlose Weintrauben
4 Pflaumen | 1 Apfel | 2 EL frisch gepresster Zitronensaft | 2 EL Traubensaft | 1 EL Honig
4 Eigelb | 70 g Puderzucker | 50 ml Grappa
50 ml trockener Weißwein

1 Das Obst waschen. Weintrauben von den Stielen zupfen. Pflaumen entsteinen und in Spalten schneiden. Den Apfel halbieren, das Kerngehäuse entfernen und das Fruchtfleisch würfeln. Obst mit Zitronen-, Traubensaft und Honig verrühren.

2 Für die Zabaione ein Wasserbad vorbereiten. Dazu ca. 5 cm hoch Wasser in einen hohen Topf geben und aufkochen lassen. Die Eigelbe in eine zum Topf passende Rührschüssel aus Glas oder Metall geben und mit einem Schneebesen oder dem Handrührgerät leicht aufschlagen. Zucker, Grappa und Wein hinzufügen, weiter aufschlagen, bis die Masse schaumig wird.

3 Schüssel halb in den Topf hängen, dabei darf der Boden das Wasser nicht berühren. Die Eigelbmasse über dem heißen Wasserbad ca. 10 Min. aufschlagen, bis die Masse dickschaumig und cremig ist. Die Zabaione auf vier Teller verteilen und den Obstsalat darauf anrichten.

oben: Fruchtsalat mit Proseccogelee | unten: Traubensalat mit Grappa-Zabaione

Waldbeerensalat mit Ziegenfrischkäse-Creme

raffiniert kombiniert | *Zubereitung: ca. 20 Min.* | *Pro Portion ca. 415 kcal*

Für 4 Personen

600 g gemischte Beeren (z. B. Brombeeren, Himbeeren, Heidelbeeren, Schwarze und Rote Johannisbeeren)
130 g Zucker
4 EL Himbeeressig
300 g milder Ziegenfrischkäse (z. B. Chavroux)
100 g Joghurt
Mark von 1/2 Vanilleschote
1–2 TL frisch gepresster Zitronensaft

1 Beeren waschen und abtropfen lassen. Gegebenenfalls von den Stielen zupfen oder putzen und in eine Schüssel geben.

2 In einem Topf 50 g Zucker mit 3 EL Wasser offen bei starker Hitze 2–3 Min. kochen lassen, bis sich die Mischung leicht bräunlich verfärbt. Den Essig dazugeben, glatt rühren und die Mischung über die Früchte gießen. Alles gut vermischen und den Salat ca. 10 Min. durchziehen lassen.

3 Für die Creme den Ziegenfrischkäse mit Joghurt, dem restlichen Zucker und Vanillemark verrühren. Creme mit Zitronensaft abschmecken und mit dem Beerensalat servieren.

Clever servieren

Ein echter **Augenschmaus** wird der Salat, wenn Sie Obst und Ziegenfrischkäse-Creme in hohen, schmalen Gläsern, z. B. Longdrinkgläsern, schichtweise anrichten.

Exotiksalat mit Passionsfrucht-Creme

Südseetraum! | *Zubereitung: ca. 20 Min.* | *Backen: ca. 45 Min.* | *Kühlen: ca. 8 Std.* | *Pro Portion ca. 580 kcal*

Für 4 Personen

5 Passionsfrüchte
4 Eigelb
350 g Sahne
50 ml Milch
120 g feiner brauner Zucker
Mark von 1/2 Vanilleschote
1 Mango
1 Papaya
1 Banane
1 EL frisch gepresster Limettensaft

Außerdem:

4 ofenfeste Förmchen

1 Am Vortag für die Creme den Backofen auf 150° vorheizen. 3 Passionsfrüchte halbieren. Fruchtfleisch durch ein Sieb streichen. Eigelbe verquirlen, mit Sahne, Milch, 70 g Zucker, Vanillemark und dem Saft verrühren, bis sich der Zucker gelöst hat. Sahnemischung auf die Förmchen verteilen. In die Fettpfanne des Ofens 2 cm hoch heißes Wasser gießen, Förmchen hineinstellen, Sahnemischung im heißen Ofen (Mitte, Umluft 140°) 40–45 Min. stocken lassen. Herausnehmen, abkühlen lassen, über Nacht zugedeckt kühl stellen.

2 Am nächsten Tag die Mango schälen, das Fruchtfleisch vom Stein schneiden, würfeln. Papaya schälen, halbieren, entkernen, das Fruchtfleisch würfeln. Banane schälen, in Scheiben schneiden. Restliche Passionsfrüchte halbieren, das Fruchtfleisch mit dem Obst mischen. Limettensaft und 1 EL Zucker dazugeben, 15 Min. ziehen lassen. Die Passionsfruchtcreme mit dem restlichen Zucker bestäuben. Den Zucker unter dem heißen Backofengrill ca. 3–5 Min. karamellisieren. Die Creme mit dem Obstsalat servieren.

Unsere Garantie

Alle Informationen in diesem Ratgeber sind sorgfältig und gewissenhaft geprüft. Sollte dennoch einmal ein Fehler enthalten sein, schicken Sie uns das Buch mit dem entsprechenden Hinweis an unseren Leserservice zurück. Wir tauschen Ihnen den GU-Ratgeber gegen einen anderen zum gleichen oder einem ähnlichen Thema um.

Liebe Leserin und lieber Leser,

wir freuen uns, dass Sie sich für ein GU-Buch entschieden haben. Mit Ihrem Kauf setzen Sie auf die Qualität, Kompetenz und Aktualität unserer Ratgeber. Dafür sagen wir Danke!
Wir wollen als führender Ratgeberverlag noch besser werden. Daher ist uns Ihre Meinung wichtig. Bitte senden Sie uns Ihre Anregungen, Ihre Kritik oder Ihr Lob zu unseren Büchern. Haben Sie Fragen oder benötigen Sie weiteren Rat zum Thema? Wir freuen uns auf Ihre Nachricht!

GRÄFE UND UNZER VERLAG
Leserservice
Postfach 86 03 13
81630 München

Wir sind für Sie da!
Montag–Donnerstag: 8.00–18.00 Uhr
Freitag: 8.00–16.00 Uhr
Tel.: 0180-500 50 54*
Fax: 0180-501 20 54*
E-Mail: leserservice@graefe-und-unzer.de

*(0,14 €/Min. aus dem deutschen Festnetz, Mobilfunkpreise können abweichen)

P.S.: Wollen Sie noch mehr Aktuelles von GU wissen, dann abonnieren Sie doch unseren kostenlosen GU-Online-Newsletter und/oder unsere kostenlosen Kundenmagazine.

GRÄFE UND UNZER

Ein Unternehmen der
GANSKE VERLAGSGRUPPE

Der Autor
Martin Kintrup kocht mit Begeisterung. Deswegen hat er die Lust am Kochen, Essen und Genießen mittlerweile zum Beruf gemacht. Seit sieben Jahren kocht er im »Prütt-Café« in Münster. Natürlich nicht streng nach Rezept: Er hat so viele Ideen, dass er ständig neue abwechslungsreiche Gerichte entwickelt, privat wie auch für Gäste im Café. In diesem Buch stellt er Ihnen seine liebsten Salatrezepte vor.

Die Fotografen
Das Studio **L'EVEQUE Tanja & Harry Bischof** (Styling & Fotografie) arbeitet seit Jahren intensiv für Werbung, Bücher und Zeitschriften im Foodbereich. In der Innenstadt Münchens kreieren sie im Team Foodaufnahmen in erfrischendem Licht und appetitanregendem, trendigem Styling.
Das Fotostudio dankt der Firma Radspieler, München, und »Le Bazar de Cuisine«, München, für das Ausleihen von Requisiten und Stoffen.

Bildnachweis
Titelbild: Klaus-Maria Einwanger, Rosenheim; alle anderen: Studio L'EVEQUE Tanja und Harry Bischof (Styling & Fotografie), München

Programmleitung: Doris Schmalhofer-Birk

Leitende Redakteurin: Stephanie Wenzel

Projektleitung: Alessandra Redies

Redaktion: Tanja Dusy

Lektorat: Cora Wetzstein

Korrektorat: Mischa Gallé

Innenlayout, Typographie und Umschlaggestaltung: independent Medien-Design, München

Satz: Knipping Werbung GmbH, Berg/Starnberg

Herstellung: Petra Roth

Reproduktion: Longo AG, Bozen

Druck und Bindung: Printer, Trento

ISBN 978-3-8338-1439-6
1. Auflage 2009

GRÄFE UND UNZER

Ein Unternehmen der
GANSKE VERLAGSGRUPPE